아르메니아
조지아
성지순례
가이드북

아르메니아
조지아
성지순례
가이드북

ⓒ 최은수, 2025

초판 1쇄 발행 2025년 10월 27일

지은이	최은수
펴낸이	이기봉
편집	좋은땅 편집팀
펴낸곳	도서출판 좋은땅
주소	서울특별시 마포구 양화로12길 26 지월드빌딩 (서교동 395-7)
전화	02)374-8616~7
팩스	02)374-8614
이메일	gworldbook@naver.com
홈페이지	www.g-world.co.kr

ISBN 979-11-388-4841-1 (03230)

- 가격은 뒤표지에 있습니다.
- 이 책은 저작권법에 의하여 보호를 받는 저작물이므로 무단 전재와 복제를 금합니다.
- 파본은 구입하신 서점에서 교환해 드립니다.

성경의 진리와 역사적 사실

최은수 지음

아르메니아
조지아
성지순례
가이드북

좋은땅

역사는 역사를 낳고, 생명은 생명을 낳는다.
History Stands History, Life Carries Life.

기억하면 살고, 망각하면 죽는다.
Remembering Lives, Neglecting Dies.
記得生命, 忽略死亡.

- 최은수 -

목차		
제1장	서론: 아르메니아 조지아 성지순례 대안 아니다!	7
제2장	아르메니아 조지아 성지순례의 올바른 용어 사용	23
제3장	아르메니아 조지아 성지순례의 필수 사항들	43
제4장	아르메니아 조지아 성지순례 현장: 소코카서스 중심	53
제5장	아르메니아 조지아 성지순례 현장: 아르메니아 하이랜드 중심	71
제6장	아르메니아 조지아 성지순례 표준 일정	91
제7장	성경적이고 역사적인 시들	115
	감동을 나누며 추천하는 글들	124

제1장

서론: 아르메니아 조지아 성지순례 대안 아니다!

대코카서스 산맥에 핀 야생화. 아르메니아 조지아 성지순례 현장은 야생화들의 향연이다. 신앙을 지키기 위해서 순교의 피를 흘린 수많은 순교자들이 야생화로 꽃을 피우고 있는 것이다.

필자의 『아르메니아 조지아 성지순례 핸드북』(좋은땅 출판사, 2023)이 출간된 지도 2년여가 넘어가고 있다. 아르메니아 조지아 성지순례를 성경적으로, 역사적으로 체계화하여 개척한 당사자로서, 항상 사도행전 5장 38절과 39절의 말씀이 마음 한 켠에서 울림이 되어 오고 있는 중이다. 바리새인이면서 당대 최고의 율법 학자로 존경을 받고 있던 가말리엘이 산헤드린 공의회 앞에서 충고를 했던 내용이다: '인위적인 것이라면 망할 것이다. 하지만 하나님께로부터 왔으면, 막을 수 없다. 막는다면, 하나님을 대적하는 것이다.' 이 말씀이 개척자의 뇌리에서 떠나지 않았던 이유도 이런 원리다. 그동안 아르메니아 조지아 연구소의 프로그램에 참여한 순례자들에게도 이 말씀을 나누면서 함께 성경과 역사의 현장을 누비며 확인하고 또 확인하였다.

현장에서 눈으로 보고, 귀로 듣고, 코로 숨 쉬고 풍기는 정취를 맡고, 입으로 각종 음료와 현지의 음식들을 맛보고, 손으로 만지고, 발로 선진들의 족적을 밟으며 따라가고, 심장으로 느끼고, 영으로 소통하는 경험이 특별하며 비교 불가이다. 성지순례 가운데 가장 먼저 가야 하는 장자권을 가진 아르메니아 조지아 성지순례만의 독특함이다.

현장에서 자연스럽게 심령을 파고드는 단어들이다.

환희와 눈물!
치유와 회복!
꿈의 치유와 도전!

더군다나, 시간이 흐를수록, 개척자로서의 사명감은 더욱 구체적이고 분명해져 갔으며, 성경과 역사적 문헌들, 현장의 흔적들과 관련 기록들을 통하여 이론적으로 실제적으로 더 풍성해져 가고 있는 중이다. 아울러, 처음부터 아르메니아 조지아 연구소의 지적 재산권을 아무런 대가 없이 한국과 세계 곳곳의 기독교인들에게 공여해 오고 있으며, 성지순례에 관심 있는 여행 관련 기업이나 단체 등에도 필요한 정보를 제공하고 있는 중이다. 개척자의 우선적인 고려는 성경의 진리와 역사적 사실의 공공성과 그 유익을 가능한 한 많은 기독교인들에게 보편화시키는 것이지, 개인적인 유익과 경제적 이득을 취함이 먼저가 아니기에 그렇다. 벌써 수십 년 전에 필자가 개척한 유럽 종교개혁 역사탐방(성지순례, 영국 잉글랜드 청교도와 스코틀랜드 장로교 포함)도 그랬었고, 최근에는 일본 오사카를 중심으로 하는 '오니가조(구마노고도) 역사문화 순례 및 관서지역 성지순례', '사도와 제자들의 지중해 올(All) 아일랜드 성지순례', '미국 남부지역 한국선교 관련 역사현장 순례', 그리고 여전히 개척 중인 곳들도 마찬가지다.

아르메니아와 이스라엘

　2023년 10월 7일부터 팔레스타인 가자지구의 하마스 무장정파의 기습 공격과 살상으로 인하여 이스라엘은 공식적으로 전쟁을 선포하고 지상전을 개시하였고, 2025년 현재도 여전히 분쟁 중이다. 이번 전쟁으로 인하여 이스라엘 관련 성지순례가 전면 중단되는 초유의 사태를 맞고 있음이다. 아마도 당분간, 아니 일반적인 기대와 생각을 넘어서 상당한 시간이 걸려야 정상적인 여정이 재개되지 않을까 한다. 본서를 통하여 뒤에서 더 자세히 설명을 하겠지만, 기독교인들이 원하는 예루살렘, 팔레스타인 지역, 그리고 이스라엘에서의 평화는 사실상 불가능한 일이다. 왜냐하면 기독교의 하나님과 완전히 다른 이슬람의 신과 유대교의 신을 각자의 민족적, 신앙적 정체성으로 신봉하고 있기 때문이다. 기독교인들은 삼위일체 하나님을 믿고 따름으로, 삼위일체 하나님을 믿지 않는 타 종교는 완전히 다른 양상을 보일 수밖에 없는 것이다. 일반적으로, 예루살렘 구시가(Old City)에만 기독교 구역, 이슬람 구역, 유대교 구역이 있는 것으로 알고 있지만, 조지아의 아할치헤성(롬시아 또는 라바트)에도 동일한 모습이 존재하고 있다. 하지만, 근본적으로 다른 것은 예루살렘 구시가의 평화는 요원하고 불가능에 가까운 반면에, 조지아의 아할치헤성은 기독교인들이 순교적 희생과 피로써 지켜 낸 곳이라서 '진정한 기독교의 평화'가 깃든 곳이다. 현장에 가보면, 기독교의 평화가 어떤 분위기인지 체감할 수 있다.

이 시점에서 거의 대다수의 사람들이 아르메니아와 이스라엘의 관계에 대하여 언급하는 것을 보고 너무 생소하게 생각할 것이다. 아르메니아와 이스라엘이 무슨 관계가 있는데? 하고 반문할 것이다. 아르메니아는 이번 이스라엘의 전쟁보다 먼저 전 세계 언론 매체들의 집중 관심을 받았었다. 아제르바이잔 영토 내에 있는 나고르노 카라바흐에서 벌어졌던 분쟁 때문에 말이다. 아르메니아계 자치 정부의 이름이 '아르삭 공화국'(Republic of Arsakh)인데, 대다수가 처음 들어 보는 명칭일 것이다. 제2차 나고르노 카라바흐 전쟁에서 아르메니아계가 패배하고 조상 대대로 살아오고 있던 그 땅에서 반강제적으로 쫓겨났다. 이 분쟁의 와중에서 아르메니아와 이스라엘의 뿌리 깊은 감정이 수면 위로 급부상하며 폭발하고 있는 중이다. 왜냐하면 이스라엘이 아르메니아의 적대국인 아제르바이잔에 다량의 무기를 제공했기 때문이다.

유대인은 제2의 아르메니아인

아르메니아에 대한 이스라엘의 열등감은 창세기 1장부터 10장까지의 배경이 아르메니아 조지아라는 사실에서 출발한다. 아담을 중심으로 하는 처음 인류가 타락하여 하나님의 역사적인 심판을 받았다. 창세기 6장 이하에 등장하는 노아의 방주와 대홍수를 통한 신인류의 시작이 아르메니아 조지아를 중심으로 전개되었기 때문에, 동의어로 쓰이는 이스라엘, 히브리 민족, 유대인 등의 존재가 창세기 11장 이후임으로 연대적으로 뒤진다. 아울러 구속사의 전개 속에서, 셈족인 유대인들의 초기 기독교와 연관된 역할을 감안하더라도, 노아의 방주 이후 신인류가 번성해 가기 시작했던 아르메니아 조지아 땅에서 자손 대대로 살아오고 있었던, 야벳의 후예들이 거국적으로 복음을 받아들임으로 구속사의 주된 물줄기가 완전히 바뀌었다.

현존하는 유대인의 80% 이상이 야벳의 아들 고멜, 고멜의 아들인 아스그나스 유대인이라는 점에서 볼 때, 노아의 예언대로 '야벳은 셈의 장막에 거하고'라는 말씀이 성취되었고, 나머지 20%의 유대인들도 스페인 계열이기 때문에, 야벳의 계열을 중심으로 큰 흐름이 형성되었던 것이다. 비록 대다수 유대인들이 기독교 신앙을 거부하고, 완전히 다른 종교인 유대교 또는 유대주의라는 이교도로 남아 있을지라도, 기독교 신앙을 폭넓게 수용한 야벳 계열을 중심으로 하는 구속사의 주된 물줄기를 거스를 수는 없다.

아라갓산의 엠버드 요새(구름 위의 요새)에서 바라본 아라랏산. 아르메니아 하이랜드의 최고봉인 아라랏산과 소코카서스(Lesser Caucasus)의 최고봉인 아라갓산 사이에 드넓게 펼쳐진 아라랏 밸리에서 신인류인 노아의 후손들이 생육하고 번창해 갔다. 노아가 야벳에게만 축복했던, 영토적 '창대'의 복을 받아서 야벳의 후예들이 거대한 지정학적 확산을 이루기 시작했던 곳이다. 사실, 아르메니아 하이랜드는 소코카서스도 모두 포함하는 광활한 지역이다.

기독교인 아르메니아와 이교도인 이스라엘

 필자가 글이나 세미나 등 다양한 경로를 통하여 지속적으로 사실을 적시하라고 말하여 오고 있는 대로, 유대인을 포함하여 기독교 복음을 받아들이지 않는 나라와 민족은 단지 이교도요, 미전도 종족일 뿐이다. 이 점에서 상당수의 기독교인들이 오해하고 있는 부분이 있다. 유대교의 신이 다르고, 이슬람교의 알라도 전혀 다른 신임을 잊지 말아야 한다. 기독교의 하나님은 창세 전부터 삼위일체의 신존재였다. 절대로 같은 신이 아니다. 심지어 유대인들은 기독교인들이 가지고 있는 성경과 자신들의 경전을 철저하게 구별하여, 기독교의 구약은 자신들의 경전이 아니라고 강변한다. 그런 점에서 기독교인들은 현실을 직시하고 착각에서 벗어나야 한다.

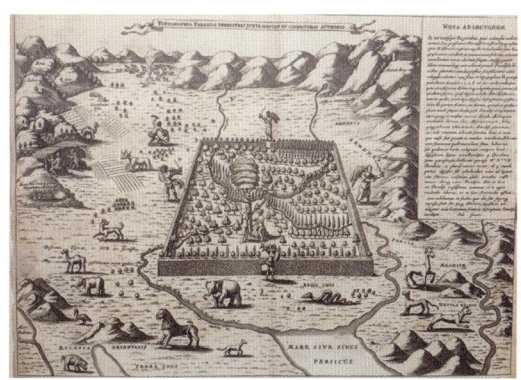

대홍수의 엄청난 지각변동을 통해서 노아의 방주가 도착했던 아라랏산을 중심으로 역사적 에덴동산의 흔적이 자리하고 있다. 역사적 에덴동산을 아우르는 아라랏산 주변의 지형을 묘사한 그림이다. (아르메니아 역사 박물관 소장)

예수님이 예언하신 대로, 주후 70년 그리고 이후에 로마제국은 돌 하나도 돌 위에 남기지 않고 철저하게 예루살렘을 파괴하였다. 그 후로 유대인들은 2,000년 가까운 시기 동안 나라 없는 객이 되어 전 세계에 흩어져 유리방황하였다. 하지만 아르메니아는 주후 301년에 세계 최초의 기독교 국가가 되면서, 자연스럽게 성경의 역사 현장인 예루살렘을 중심으로 교회당과 수도원 등을 세우며 팔레스타인과 함께 기득권을 갖게 되었다. 팔레스타인 사람들 가운데 약 70,000명 이상이 기독교인이라는 사실도 세계 최초의 기독교 국가인 아르메니아인들의 시각에서 이해해야 한다. 그들은 점차적으로 팔레스타인계 아르메니안 기독교도 또는 아르메니아계 팔레스타인 기독교인으로 정체성을 갖게 되었다.

이런 맥락에서, 이스라엘이 아르메니아에 대하여 열등감과 피해의식을 가질 수밖에 없는 구도가 형성되었던 것이다. 1,700년 이상 예루살렘과 그 주변에서 살아오고 있는 아르메니아 사람들이 팔레스타인 사람들과 비슷하게, 이스라엘의 건국과 압제의 과정에서, 그들도 정든 고향을 뒤로하고 전 세계로 흩어져 가고 있는 중이다. 현재 예루살렘의 올드 시티(Old City)를 구성하고 있는 네 개의 구역 가운데, 역사적으로 아르메니아 구역이 가장 먼저고, 그다음이 이슬람 구역, 세 번째가 기독교 구역, 그리고 유대인 구역이 사실상 제일 늦다고 할 수 있다. 이런 배열만을 놓고 볼 때, 기독교 관점에서 이교도인 유대인의 이스라엘에게 아르메니아가 얼마나 눈엣가시겠는가!

아르메니아 조지아는 대안이 아닌 가장 먼저 가야 하는 성지다!

　아르메니아에 대한 이스라엘의 열등감과 피해의식을 모르는 대다수의 사람들 가운데서, 아르메니아 조지아를 이제 조금 안다는 사람들을 중심으로, 이스라엘이 공식적으로 전쟁 중이기 때문에, 그 한 대안으로 아르메니아 조지아 성지순례를 염두에 두기 시작하였고, 서서히 그들의 목소리가 커지고 있는 듯하다. 하지만, 이는 엄연히 잘못된 발상이며 하나님의 역사에 대한 모독이라고 해도 과언이 아니다. 전쟁으로 막힌 이스라엘 대신에 아르메니아 조지아 성지순례가 대안이라는 생각이 얼마나 잘못되었는지 몇 가지 이유들을 제시해 보겠다.

　첫 번째로, 창조 세계에서 아담을 중심으로 하는 처음 인류와 역사적 심판인 대홍수 이후 신인류의 시작이 모두 아르메니아 조지아이기 때문이다. 창세기 6장에서 시작되는 노아의 방주와 대홍수는 대격변을 알리는 신호탄이었다. 대홍수 기간에 물로 뒤덮인 땅이 얼마만큼의 지각변동을 경험했는지 정확히 알 수 없을 정도로 천지개벽 그 자체였다. 창세기 8장에서 지면이 드러나기 시작하면서 노아의 방주가 아라랏산들, 즉 큰 아라랏산과 작은 아라랏산의 어느 지점에 도착하였다. 왜 하필 아라랏산들이었는가? 라는 의문은 그 주변의 지형이 역사적 에덴동산의 흔적을 아우르고 있다는 측면에서, 수천 년 동안 이어져 오고 있는 아르메니아의 거국적 고백인 '역사적 에덴동산 아르메니아', '노아의 방주와 신인류 아르메니아' 등을 통해 해답을 찾을 수 있었다. 역사적 에덴동산 아르메니아라는 성경의 진리와 역사적 사실에 더해서, 신인류인 노아와 야벳의 직계로 여전히 그 땅에서 살아오고 있는 아르메니아 사람들의 신앙 고백은 참으로 깊은 울림이 있다고 하겠다.

성경의 기록 외에, 플라비우스 요세푸스(Flavius Josephus)의 기록을 통해서 대홍수에 대한 기록뿐만 아니라, 신인류인 노아의 방주가 아르메니아의 아라랏산들에 도착한 내용까지도 구체적으로 알 수 있다. 요세푸스는 북아프리카 알렉산드리아의 도서관에 보관 중이던 희귀한 문서들을 볼 수 있었다. 그가 보았던 아르메니아와 노아의 방주에 대한 기록들은 주전 290년경에 바벨론에 살았던 갈대아인 베로수스(Berosus the Chaldean), 베로수스와 비슷한 시기의 인물인 이집트인 히에로니무스(Hieronymous the Egyptian), 그리고 주전 1세기 어간에 살면서 144권의 책을 기록했던 다마스커스의 니콜라우스(Nicolaus of Damascus) 등의 것들이었다. 이러한 기록들은 자연스럽게 역사적 에덴동산의 흔적이 아라랏산들 주변에 있었다는 사실과 연결되었다.

세계 최초의 기독교 국가인 아르메니아는 국왕과 교회의 수장이 협력하여 주님의 몸된 교회를 섬기고 봉사하는 것이 자연스러운 모습이었다. (아르메니아 역사 박물관 소장)

두 번째로, 언약 백성인 이스라엘의 불순종으로 북 왕국과 남 왕국이 차례로 멸망해 가는 과정에서, 구속사의 주인공이 될 야벳의 자손들이 직간접적으로 그 모습을 드러내기 시작하였기 때문이다. 이들의 등장은 마치 구름과 안개 속에 갇혀서 볼 수 없었던 코카서스와 아르메니아 고원지대의 거대함과 웅장함이 드러나는 것과 흡사하였다. 역사는 흐르고 흘러서 주님의 지상명령을 수행하였던, 현재까지 밝혀진 숫자만 해도 여섯 명의 사도들이 아르메니아 조지아에 직접 와서 복음을 전함으로 가옥교회들이 설립되면서, 사도 직계 교회로서의 면모를 갖추었다.

세 번째로, 초대 교회 당시 세상의 변방이요, 산골짜기에 위치하고 있었던 아르메니아가 세계 최초의 기독교 국가요, 조지아는 세계 최초의 여성 조명자 국가이면서 세계 두 번째 기독교 국가가 되었기 때문이다. 요즘 다음과 같은 말이 유행하고 있는 것이 우연은 아니다: '예수 안 믿는데 예수 팔아 사는 이스라엘에서 돈 쓰지 말고, 모두 파괴되거나 파괴하여 폐허와 돌만 남은 튀르키예와 같은 이슬람 국가들에서 돈 쓰지 말고, 성경과 교회 역사 속에서 기독교적 정신, 문화, 관습 등 유산을 보존하고 있는 아르메니아 조지아에서 돈을 쓰는 것이 이치에 맞습니다.'

때가 차매, 사도들이 회당이 있는 곳을 방문하여 복음을 전했고, 당시 회당에 참여하던 야벳의 후예들이 비로소 생명의 말씀을 접하게 되었다. 야벳의 후예들이 살던 땅에서 복음의 역사가 강하게 일어났고, 특히 아르메니아 조지아에서 큰 결실을 보게 되었다. 여기는 흑해 연안의 바투미 근처에 위치한 고니오 요새 그리고 꽃으로 장식된 조지아 국기다.

아르메니아 조지아를
대안이라고 말하지 말자

앞에서 살펴본 대로, 아르메니아 조지아가 성경의 진리와 역사적 사실 차원에서 가장 우선시돼야 하기 때문에, 성지순례의 대안이라는 말이 어울리지 않는다. 하나님의 역사는 그 어떤 왕후장상이라도 거스르지 못한다. 역사는 생명이기 때문에, 역사를 왜곡하거나 면면히 흐르는 거대한 흐름을 순리를 거슬러서 돌리려고 한다면, 감당할 수 없는 생명의 진노 앞에 서야 할 것이다. 하나님의 역사를 순리대로 풀어야 할 책임이 모든 기독교인들에게 있다는 사실을 잊지 말아야 한다. 역사는 역사를 낳고, 생명은 생명을 낳으니 말이다.

제2장

아르메니아 조지아 성지순례의
올바른 용어 사용

　세계 최초의 기독교 국가인 아르메니아 사도교회는 수천 년 동안 변함없이 민족적인 신앙고백을 해 오고 있다: '역사적 에덴동산 아르메니아', '노아의 방주와 신인류의 기원 아르메니아.' 이 지도는 아르메니아의 국보 1호로서, 에치미아진(부활하신 주님의 강림) 카세드럴 박물관에 소장되어 있다. 성경의 진리와 역사적 사실에 기초하여 아르메니아인들의 신앙고백은 성지순례의 활성화와 더불어 새롭게 조명되어 존중받고 있다.

아르메니아 조지아 성지순례가 폭넓게 보편화되면서, 비전문가들의 무분별하고 잘못된 용어 사용이 혼란을 초래할 수도 있어 올바른 용어 제시가 시급한 상황이라고 본다. 본 성지순례를 개척하고 성경적 진리와 역사적 사실을 소개하는 필자의 소명과 역사적 양심에 기초하여 표준화된 용어들을 공론화하는 것이 시급하다는 생각이다. 아르메니아 조지아 성지순례와 관련하여 표준화된 용어들은 다음과 같다.

1. 아르메니아 조지아가 창세기 1장에서 10장의 배경이라는 견지에서, 역사적 에덴동산이 아르메니아의 아라랏산들(큰 아라랏산과 작은 아라랏산)에 있었다는 역사적인 흔적이 성경과 역사를 통하여 증명되었고, 여전히 더 많은 근거들이 드러나고 있는 중이다. 대홍수를 통하여 하나님은 인간의 범죄를 통하여 저주받은 땅을 물로 정화시키시고, 재창조에 준하는 대대적인 지각변동을 통하여 완전히 새롭게 하셨다. 하나님이 하시는 일에는 우연이 없고, 전능하신 하나님의 계획 가운데 모든 일들이 역동적으로 실현되어 왔다. 이는 창세기 전문가들의 입장이며, '성경으로 돌아가자', '오직 성경'을 외쳤던 16세기 종교개혁가들의 외침이다. 필자는 수천 년 동안 아라랏산들을 떠나지 않고 현재까지 살아오고 있는, 노아와 야벳의 직계인, 아르메니아의 민족적인 신앙고백, '역사적 에덴동산 아르메니아'라는 고백을 성경과 역사의 객관적인 증거에 더해서 존중한다.

성경의 진리와 역사적 사실에 근거하여 아라랏산들은 역사적 에덴동산의 흔적을 아우르고 있다.

  2. '처음 인류'와 '신인류'는 아담과 하와를 중심으로 생육하고 번성한 '처음 인류'와, 처음 인류의 타락으로 하나님의 심판인 대홍수와 대격변을 통하여 처음 인류와 구별된, 노아를 중심으로 하는 '신인류'이다. 창세기 6장의 말씀처럼, 처음 인류의 죄악이 온 땅에 관영하여, 그 땅이 저주를 받았고, 하나님께서 인간 창조를 후회하셨으며, 저주받은 땅과 처음 인류를 대홍수로 심판하시겠다고 말씀하셨고 그대로 되었다. 노아의 방주는 배가 아니다. 단지, 저주받은 땅과 구별하기 위한 것이었다. 물 위에 노아의 방주가 떠다니는 동안, 저주받았던 땅은 재창조에 준하는 대격변을 겪으면서 새롭게 자리를 잡았다. 처음 인류는 하나님의 심판으로 멸종되었고, '신인류'가 재창조된 세상에서 지금까지 살아오고 있는 중이다.

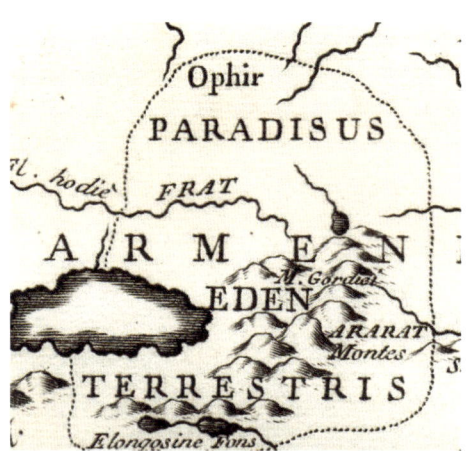

이 고대 지도는 역사적 에덴동산을 아우르고 있는 아라랏산들 주변을 비교적 정확하게 표시하고 있다. 성경의 진리와 역사적 사실과 함께, 신인류인 노아와 야벳의 직계로 현재까지 아르메니아 하이랜드에서 존재하고 있는 아르메니아 조지아가 살아 있는 증거이다.

   3. 구속사의 흐름은 아담과 하와를 통한 처음 인류, 그리고 대홍수와 대격변을 통해서 재창조된 세상에서 살아간, 노아를 중심으로 하는 '신인류', 노아의 아들인 셈으로 이어지는 이스라엘과 구약 그리고 신약의 일부, 창세기 9장에서 노아가 예언한 '야벳은 셈의 장막에 거하고'라는 예언이 성취되어 가는 야벳의 후예들이 구속사의 큰 줄기를 형성하는 것이다. 하나님의 준비하심은 구약에서도 복선이 되어 언급되고 있다. 마치 코카서스의 웅대함과 아르메니아 하이랜드의 광활함이 안개나 구름에 가려져 있는 것과 같이 말이다. 후에, 야벳의 후손들을 총칭하는 용어로 '아스그나스'가 폭넓게 사용되었다. 노아의 아들, 야벳, 야벳의 장남, 고멜, 고멜의 장남, 아스그나스다. 그 '아스그나스'가 야벳의 후예들을 대표

하여 폭넓게 사용되었고, 심지어 유럽을 통칭하는 용어로 '아스그나스'가 사용되었다.

야벳의 후예들을 총칭하는 '아스그나스'는 북방의 강자로서 주변 강대국들에게 공포의 대상이 되기도 했다. 아스그나스의 기동력은 말을 다루는 기술에서 가름되었다. 광대한 아르메니아 하이랜드는 전투력이 뛰어난 말을 목축하는 데 최상이었다.

4. 노아의 예언이 성취되어, 이스라엘 12개 지파의 상당수가 야벳의 후손들 땅에 정착하여 토착화되었다. 남조 유대 왕국이 멸망하고 바벨론 포로기 이후에는 '유대인'이라는 명칭이 사용되었는데, '토착화된 이스라엘인', '토착화된 유대인'으로 불렸다. 현존하는 유대인들의 80% 이상이

'아스그나스 유대인'이며, 스페인 계열의 '쉐파라드 유대인'이 약 20% 정도 된다는 것은 이들이 모두 야벳의 후예들의 땅에서 토착화되었다는 것을 말해 준다. 그들의 얼굴을 보면 야벳의 후예들, 즉 유럽계의 모습이 지배적이다. 아울러 백인을 통칭하는 '코카시안'이 코카서스 산맥이자 아르메니아 하이랜드에서 유래했다는 것을 유념하자. 코카서스 조지아가 현존하는 유대인들의 성지순례지임도 이를 증명하고 있다. 그들은 자신들의 뿌리를 찾아서 코카서스 조지아를 방문하고 있는 것이다.

조지아 아할치헤 호텔에서 만난 유대인들. 조지아는 유대인들의 성지순례지이다. 그들은 자신들의 근본을 찾아서 단체로 방문한다. 현존하는 유대인은 야벳의 후예 땅에서 정착하여 '토착화'된 사람들이라 생김새가 유럽인들이다.

5. 구약에 등장하는 '아라랏', '아스그나스'에 주목해서 성경의 배경사를 보아야 한다. 세계 고대사에서 아라랏은 앗시리안 언어로 '우라투'(Urartu) 제국으로 사용되었다. 사실 고대사에 등장하는 아라랏(우라투) 제국은 '신인류'의 기원지에서 떠나지 않고 생육하고 번성하며, 노아가 야벳에게만 축복한 영토적 '창대'의 축복을 누리고 있어 왔던 것이다. 한글 성경에서, 창세기 12장 2절에 아브라함을 언급하면서 '창대'라는 단어가 나오는데, 이는 상징적이라서 의미 자체가 완전히 다른 것이다.

아르메니아 수도 예레반의 공화국 광장에 있는 국립 역사 박물관이다. 여기에 아라랏(우라투) 제국의 역사적인 자료들이 상당히 많이 소장되어 있다.

6. '전설' 또는 '신화'와 같은 말들은 아르메니아 조지아 성지순례의 용어로 사용할 수 없다. 비전문가들에 의해서 온라인상에 언급된 내용들 가운데 이런 용어를 사용하는 경우를 종종 보게 된다. 아르메니아 조지아 성지순례가 '성경의 진리'와 '역사적 사실'에 대하여 강조하는 바를 깊이 유념할 필요가 있다. 우리는 성경에 엄연히 명시되어 있는 내용을 '신화'라고 부르지 않는다. 아울러 고대의 그리스 역사 기록이나 메소포타미아의 쐐기문자로 기록되어 있고, 더군다나 종합적인 근거가 '사실'을 증명하는 역사적인 근거를 '전설'이라고도 하지 않는다. 더 나아가 성경의 말씀과 역사적 기록이 일치하는 경우가 많으므로 잘못된 용어에 주의를 기울여야 하는 것이다.

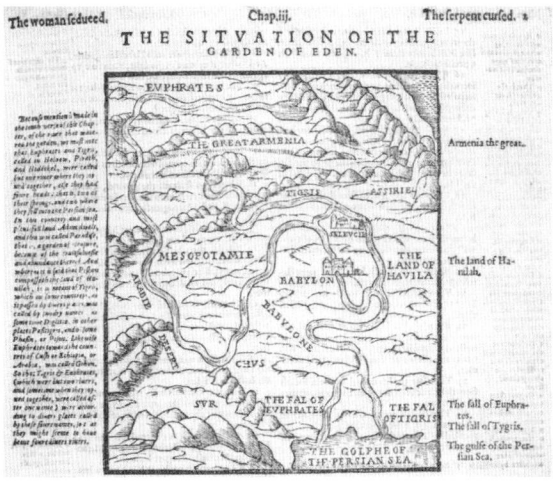

16세기 종교개혁가들에 의해서 번역된 제네바 성경에서도 역사적 에덴동산은 아르메니아에 있었다. 종교개혁가들의 근거는 대홍수와 대격변 후, 아라랏산들 주변으로 역사적 에덴동산의 지형이 펼쳐진 사실에 있다.

7. '토착화된 이스라엘인' 또는 '토착화된 유대인'은 노아의 예언, 즉 '야벳은 셈의 장막에 거하고'라는 말씀의 성취를 증명한다. 창세기 12장에서 셈족인 아브라함을 통하여 '이스라엘', '히브리' 등의 용어가 사용되었고, 바벨론 포로기 이후에 본격적으로 등장하는 '유대인'이 보편적으로 쓰이면서 이 세 가지 용어들이 동의어처럼 인식되었다. 창세기 10장에서 노아의 세 아들을 중심으로 신인류가 생육하고 번성했고, 야벳에게만 특별히 축복한 지정학적 '창대'의 면면들을 볼 수 있다. 야벳의 후손들은 지정학적으로 광활한 영토를 기반으로 생육하고 번성해 갔다.

지정학적으로 크게 보자면, 아르메니아 하이랜드, 대코카서스, 지중해 섬들, 러시아를 포함한 유럽대륙, 그리고 실크로드를 따라서 더 넓게 분포하였다. 앗수르제국에 의해 멸망당하여 역사에서 사라졌던 10개 지파 이스라엘인들과 바벨론 포로 후에 귀국하지 않은 2개 지파의 이스라엘인들의 상당수가 야벳의 후예들의 광활한 땅에서 정착하고 토착화되었다. 사복음서에 나타난 유대인의 명절 포함, 예수님의 십자가 달리심, 사도행전의 오순절 성령강림, 그리고 주로 야벳의 후예들의 땅에서 온 성경의 증인들까지 이러한 사실들을 증명한다. 토착화된 유대인들은 사도들의 직접 전도로 아르메니아 조지아에 가옥교회가 설립되어 발전하고 성장해 가는 데 있어서 중요한 역할을 감당하였다. 하지만, 절대다수의 토착화된 유대인들이 기독교의 예수님을 거부하고 유대교에 속하여 이교도로 살아간 점은 참으로 안타까운 일이 아닐 수 없다. 어떤 유대인들은 구속사의 흐름에 순종하여 기독교의 초석을 놓는 데 있어 헌신적이었다면, 다수의 유대인들은 기독교의 복음을 거부하고 이교도로 살았다.

야벳의 후예들은 드넓은 지역에서 받은바 축복대로 '창대'해져 갔다. 신인류가 생육하고 번성한 아라랏 밸리의 모습.

8. 성경에 직접적으로 언급된 '아라랏 왕국 또는 제국', '민니', '아스그나스', 그리고 '사이티안'(Scythians, 스키타이, 히브리어로 아스그나스) 등의 용어에 주목해야 한다. 앞의 세 용어는 구약에, '사이티안'은 사도 바울이 골로새서 3장 11절에 언급한 단어다. 구속사의 큰 흐름 속에서 셈족에서 야벳족속에게로 전환되는 성경의 복선으로 이 단어들이 사용되고 있기에 그렇다. 사도행전 1장 8절의 말씀처럼, 복음은 동서남북 사방으로 전파되었다. 다른 지역으로 간 복음 전파를 부정하는 것이 아니다. 다만, 성경과 역사에서 야벳의 후예들을 통한 복음의 폭넓은 전파와 수용, 그리고 기독교 국가화될 정도의 획기적인 큰 흐름에 주목하는 것이다. 서쪽

으로 간 복음의 역사 말고, 다른 방향으로 복음이 전파되어 역사에 남을 정도로 괄목할 만한 기록이 있다면, 쌍수를 들고 환영할 일이고 교회사를 다시 기록할 수도 있다. 하지만 아직까지는 국가적인 차원에서 큰 움직임이라고 할 수 있는 초대 교회사의 기록이 미미한 상태다. 아르메니아 조지아 성지순례의 내용을 보면, 성경적으로, 역사적으로 엄청난 사실들을 이미 내포하고 있었던 것을 이제야 대중들이 알기 시작했으니 말이다. 하여튼 위의 용어들에 주목하면서 구원의 역사가 어떻게 흘러갔는지 파악해야 성경과 역사를 제대로 이해할 수 있다고 하겠다.

영산이자 하나님 임재의 상징인 아라랏산을 중심으로 드넓은 들판을 달리며 천하를 호령하던 스키타이(사이디안), 즉 아스그나스의 우렁찬 호령이 생생하게 들려오는 듯하다. 큰 아라랏산, 코르비랍, 아라랏 밸리의 모습.

9. 구원의 역사, 복음의 역사가 야벳의 후손들이 살던 땅에서 대전환점

을 맞이하게 되었다. 그 광대한 지역에서는 12개 지파의 이스라엘인 또는 유대인들이 토착화되어 살고 있었다. 거의 사도들과 제자들이 이 드넓은 지역으로 가서 복음을 전했다. 그만큼 유대인의 회당이 많았다는 말이 된다. 아르메니아와 조지아는 사도들의 직접적인 전도로 국가적인 차원의 '사도교회'가 탄생하였고, 각 지역에 '가옥교회'(House Church)들이 설립되어 성장하였다. '아르메니아 사도교회'와 '조지아 사도교회'라고 부르는 이유가 여기 있다. 주후 301년에 아르메니아는 세계 최초의 기독교 국가가 되었고, 조지아는 주후 326년에 세계 두 번째 기독교 국가가 되었다. 조지아는 역사의 질곡 속에서 러시아 정교회의 영향을 받아서 정교회라는 명칭이 일시적으로 병행되어 사용되기는 했지만, 조지아 교회는 자신들이 사도교회임을 분명히 하고 있다. 최근에 발표된 조지아

조지아의 대코카서스 산맥은 유럽에서 가장 높은 8개의 최고봉들을 거느리고 있으며 유구한 교회의 역사를 간직하고 있어 영감이 넘치며 신령스럽다. 노아의 아들 야벳의 직계들이 이 산맥을 넘나들며 '창대'의 축복을 누리면서 지경을 넓혀 갔다.

종교회의의 결정이 이를 뒷받침해 준다. 조지아는 시작부터 사도교회였으므로 그런 정체성을 잃지 않고 있다는 점에 주목해야 한다. 온라인상에 무분별하게 퍼져있는 비전문가들의 표현은 잘못된 것이다. 아르메니아나 조지아 모두 2,000년이 넘는 교회사 그 자체이다. 이는 로마 가톨릭, 즉 천주교보다도 훨씬 빠르고, 정교회와는 비교도 안 될 정도로 오래되었고, 이 두 국가는 교회사의 시작과 맥을 같이하여 왔다.

10. 2,000년이 넘는 교회사에서 단 두 명만이 '조명자'(Illuminator)라고 불린다. 세계 최초의 기독교 국가인 아르메니아의 조명자 그레고리(Gregory), 세계 두 번째 기독교 국가인 조지아의 니노(Nino)가 그들이다. 조명자란 한 나라가 기독교 국가가 되는 데 있어 영적이며 실제적인 리더십으로 결정적인 역할을 감당한 인물에게 부여하는 거룩하고 명예로운 호칭이다. 아르메

조명자 그레고리 기념 카세드럴. 아르메니아에서 가장 규모가 큰 예배당으로 수도인 예레반의 중심지인 공화국 광장 주변에 위치한다.

니아 조지아 성지순례는 '성'(Saint) 그레고리와 성 니노 대신에 조명자를 그들의 공식적인 호칭으로 사용한다.

조지아의 조명자 니노(Nino)의 포도나무 십자가이다. 트빌리시의 바다로 불리는 산정호수 정상에 위치한 조지아 연대기에 가장 큰 포도나무 십자가가 세워져 있다.

아르메니아 로리 지역에 세워진 12개의 오래된 교회와 수도원교회 가운데 하나인 아흐팟(죄를 증오한다) 수도원교회의 모습이다.

11. 아르메니아 조지아 성지순례는 '카세드럴'(Cathedral), 큰 교회 또는 대교회를 뜻하는 명칭을 원어 그대로 사용한다. 이를테면, 조지아의 영적 수도인 므츠헤타에 있는 스베츠호벨리(생명을 주는 기둥) 카세드럴, 아르메니아 사도교회의 총본산이 있는 바가르샤팟에 위치한 에치미아진(부활하신 주님의 강림) 카세드럴로 부른다. 그 외의 일반 교회당들은 단순히 '교회'라고 한다. 크고 작은 교회당을 가리키는 용어로 '카세드럴'과 '교회'를 사용하는 것이 아르메니아 사도교회와 조지아 사도교회에 더 적합하기 때문이다. 아울러 수도원에 교회라는 용어를 더해서 '수도원교회'라고 부른다. 일반적으로 이해하는 수도원들하고는 다르게, 아르메니아 조지아에서는 수도원이 수도 생활만 하는 곳이 아니고, 처음부터 예배의 장소로 사용되어 왔고, 아무리 산간벽지에 있는 곳이라도 원근각지에서 예배자들이 찾아오는 관계로 '수도원교회'라고 부르는 것이 더 적합하다. 이는 오랫동안 현장을 누비며 이론적으로, 실제적으로 터득한 지식과 경험에서 얻은 결론이기도 하다.

12. 아르메니아 조지아 성지순례는 '노아의 음료'와 '하나님이 내린 음료'라는 용어를 사용한다. 보편적으로 아는 대로, 조지아는 포도 음료인 와인의 역사가 8천 년이 넘을 정도로 가장 오래된 역사를 자랑한다고 알려져 있다. 대홍수로 처음 인류가 멸종되었고, 신인류인 노아가 포도 농사를 지었다고 성경에 기록되어 있으므로, 아르메니아 조지아는 현존하는 인류의 역사상 가장 먼저가 되었다. 포도 관련 음료가 단순히 알코올, 즉 술의 종류가 아니라, 하나님이 신인류에게 주신 음료의 차원에서 보아야 하는 것이다. 그래서 아라랏 꼬냑을 노아의 음료라고 부르고, 와인을

하나님이 내린 음료라고 일컫는 것이다.

아르메니아 조지아 모두 거의 모든 집에서 자체적으로 '하나님이 내린 음료'를 만들어서 다용도로 사용한다. 크베브리라는 큰 항아리에 숙성을 시키는 방식이 흡사 한국의 김치를 담가서 보관하는 방식과 유사하다.

신인류인 노아의 방주가 도착한 아라랏산들을 상징하는 포도 음료인 아라랏이다. '노아의 음료'로 부르는데, 포도를 원료로 전통적인 방식에 의하여 독특하게 만들며, 때때로 아르메니아의 국가 과수인 살구와 아르메니아 하이랜드의 2,000m 이상에서 나는 야생화 꿀을 추가한다.

조지아는 '하나님이 내린 음료'로 넘쳐나는 국가답게 온 국토가 포도밭이다. 조지아에는 500종이 넘는 포도 종류가 있는데, 레드 와인은 사페라비, 화이트 와인은 르카츠텔리가 유명하다. 사페라비는 천천히 음미하며 마셔야 심장에 무리가 되지 않고, 화이트 와인은 비교적 무리가 덜하다고 한다.

제3장

아르메니아 조지아 성지순례의 필수 사항들

아르메니아 조지아의 들판을 흐드러지게 수놓은 야생화들은 허다한 순교자들이 들꽃으로 피어나는 것이다.

아르메니아 하이랜드와
코카서스 산맥(Caucasus Mountains) 개관

◆ 대코카서스(Greater Caucasus)

흑해에서 카스피해까지 1,200km, 한반도 전체의 길이보다 약 100km가 길다.

유럽의 지붕은 스위스를 비롯한 주변국들을 아우르는 알프스 산맥이 아니라, 코카서스 산맥이다.

5,000m 이상 되는 봉우리들만 8개에 달한다. 엘브루스(Elbrus) 산 정상은 5,642m, 알프스의 최고봉인 몽블랑보다 832m 높다.

대코카서스에서 가장 인기 있는 카즈베기(Kazbeki)는 5,034m로 8번째로 높은 봉우리다. 대코카서스를 경험할 수 있는 게르게티 삼위일체 교회(Gergeti Trinity Church)는 2,170m에 위치해 있어 경관이 수려하다. 대코카서스를 가로지르는 조지아 군사 도로는 약 212km에 달하며 조지아와 러시아를 연결한다. 이 군사도로는 그리스 역사가인 스트라보나 로마의 역사가인 플리니(Pliny the Elder) 등이 언급할 정도로 고대로부터 역사가 길다. 대코카서스와 소코카서스 사이의 거리는 대략 100km 정도 된다. 코카서스는 실크 로드의 거의 끝부분에 위치한다.

◆ 소코카서스(Lesser Caucasus)

대코카서스와 약 100km 거리를 두고 위치하고 있는 소코카서스는 길이가 600km 정도다. 지도를 보면, 대코카서스와 소코카서스가 형님과 아우처럼 평행선을 그으며 다정하게 펼쳐져 있다. 소코카서스는 세계적인 천연 탄산수와 생수로 유명하다.

소코카서스에서 가장 높은 봉우리는 아르메니아에 있는 아라갓츠(Aragats, 아라랏산 아님)로 4,090m다. 소코카서스의 대부분은 아르메니아 하이랜드에 속한다.

소코카서스에서 가장 유명한 고데르드지 패스(Goderdzi Pass)는 113km에 달하는 비포장도로다. 고데르드지 패스의 높이가 2,027m에 위치하며 고대로부터 사람들이 왕래하였고, 카라반의 교역로이기도 했다. 겨울철

눈이 오거나 산사태가 빈번하여 길이 막히는 경우가 많다.

◆ **아르메니아 하이랜드**(Armenia Highlands)

아라랏산들(큰 아라랏산과 작은 아라랏산)을 정점으로 펼쳐진 아르메니아 하이랜드는 현재의 튀르키예 상당 지역, 시리아 북쪽, 이라크 일부, 이란 북부, 아제르바이잔, 조지아, 아르메니아 등에 펼쳐진 광대한 지역이다. 여기에는 세 개의 큰 호수들이 역사적으로 매우 중요하다. 현재 아르메니아 영토에 있는 세반(검은) 호수, 튀르키예의 반 호수(Lake Van), 이란에 있는 우르미야 호수 등이다. 지리학적으로, 아르메니아 하이랜드는 튀르키예의 아나톨리아 지역, 조지아의 대코카서스, 이란 평원과 이웃하며, 소코카서스와 겹치는 지역이 많다.

참고할 사항들

1. 순례자들은 생명의 현장을 찾아가는 것임을 유념하자. 성경과 교회의 역사 현장은 하나님과 그의 백성들이 생명의 역사를 이어 갔던 곳이므로, 현재를 살아가는 순례자들이 그 현장에서 생명을 기억하는 순간 역사는 생명이 되고 순례자들의 삶에 활력을 준다. 그렇기 때문에 역사의 의미를 기억하는 일이 무엇보다 중요하다. 이런 순례의 과정을 통하여 순례자들 각자의 삶과 신앙에 생명력을 불어넣게 된다. **역사는 역사를 낳고, 생명은 생명을 낳는다.**

2. 아르메니아 조지아 모두 구소련, 즉 공산주의 치세하에서 오랫동안 살아왔음을 참고하자. 한국이 나무나 마른풀로 군불을 지펴서 생활할 때, 이들은 밖으로 돌출된 가스관을 설치하고 난방이나 취사를 했다. 격세지감이다. 아르메니아 조지아가 구소련에서 독립한 지 얼마 되지 않았기 때문에, 공산주의 사회의 잔재가 많이 남아 있고, 특히 대다수 일반인들의 집들이 크게 개선되지 못하고 있다. 1960-70년대 한국의 모습이지 않을까 한다. 이런 삶의 역사를 이해하면서, 그들이 1,700년이 넘는 세월 동안 지켜 오고 있는 기독교 신앙에 더 초점을 두고 보자. 실제로는 아르메니아 조지아 모두 기독교 역사 그 자체이다. 2,000년이 넘는 역사다.

3. 순례자들이 찾는 주요 도로는 무난하지만, 코카서스 산맥 안으로 들

어가면 비포장도로가 많다. 시간이 멈춰 버린 듯한 집들과 여전히 개발이 필요한 길들은 더욱더 압도적인 자연환경에 더 집중하고 그 매력에 빠지게 만든다. '에덴의 동쪽', '분노의 포도'의 저자인 존 스타인벡의 말이다.

"코카서스는 제2의 천국이다. 이곳을 가 보지 못한 사람은 아직 세상을 보지 못한 것이나 마찬가지다."

4. 이런 말도 있다. '코카서스를 한 번도 안 가 본 사람은 간혹 있을지 모르지만, 이곳을 다녀온 후 한 번만 가는 사람은 없다.' 코카서스가 주는 묘한 매력이 있다는 말이다.

5. 제2의 천국답게 코카서스는 자연 친화적이어서 사람과 동물들이 평화로이 공존한다. 코카서스는 동물들과 친숙하게 만드는 매력이 있다. 어디에나 등장하는 동물들과 익숙해지자. 소, 말, 당나귀, 양, 염소, 개, 고양이, 돼지, 닭, 비둘기, 각종 새들 등과 함께 노니는 코카서스의 분위기에 익숙해질 필요가 있다. 일반도로와 고속도로 가리지 않고 동물들이 주인 행세를 한다. 뱀들이 활동을 하는 시기에는 항상 조심해야 한다. 양이나 소 등 목축하는 주변에서 지킴이 역할을 하는 개들은 사납기 때문에 가까이 접근하지 말아야 한다. 시내에서 이동할 때는 과속으로 질주하는 차들을 특별히 유의해야 한다.

6. 아르메니아 주후 301년, 조지아 326년에 기독교 국가가 된 후, 역사의 질곡 속에서 형언할 수 없는 도전과 응전을 거듭해 왔음에 존경의 마음을 가지면 좋겠다. 그들은 사도 직계 교회로서의 자부심이 크고, 교회

명칭도 사도교회를 자랑스럽게 생각한다. 간혹 카세드럴이나 교회당을 방문할 때, 이콘(Icons)이나 무덤, 기타 기념물들을 보면서, 기독교 역사가 100년 조금 넘은 한국 교회의 시각에서 판단하지 말고, 그들의 역사와 문화를 이해하려고 함이 좋겠다. 이 세상에 완벽한 교회는 존재하지 않음을 인식하면서 그들이 지켜 오고 있는 기독교적 가치와 생명력에 더 주의를 집중하자. 아르메니아 조지아 교회를 포함하여 세상의 모든 교회는 주님이 다시 오실 때까지 개혁되어야 함이다.

7. 아르메니아 조지아 예배당에서 보게 되는 이콘(Icons)들은 그림으로 된 성경 이야기나 역사 이야기를 담고 있어서 신앙 교육적인 목적이 크다. 트빌리시 산 정상에 있는 조지아 연대기(Chronicle of Georgia)처럼 말이다.

기독교의 상징인 십자가 문양들

아르메니아 카치카르(Khachkars) 십자가

조지아 조명자 니노(Nino)의
포도나무 십자가

조지아
볼니시(Bolnisi) 십자가

제4장

아르메니아 조지아 성지순례 현장:
소코카서스 중심

　소코카서스의 지정학적 요충지인 아할치헤. 동서 문화의 교류와 전략적 요충지.

성경적으로, 역사적으로, 교회사적으로 아르메니아 조지아는 가장 먼저 가야 하는 성지임에는 이론의 여지가 없다. 아울러 기존의 성지를 포함하여 가장 아름답고 웅장한 성지 또한 아르메니아 조지아라는 점에 대하여 고개를 끄덕이는 신앙인들이 기하급수적으로 늘고 있다. 이 같은 현상은 누군가 억지로 주장한다고 될 일도 아니고, 그렇다고 마구잡이로 현혹시킨다고 가능한 것도 아니다. 그냥 이것이 드러난 진실이요 사실이기 때문이다. 이런 종합적인 이유에서인지는 모르겠으나, 아르메니아 조지아를 한 번만 다녀오는 사람은 없다고 하는 말도 폭넓은 동의가 이루어지고 있다. 이렇듯 기존의 성지를 포함하여 다시 성지를 찾는 경우도 아르메니아 조지아가 독보적이다. 그런 측면에서, 필자는 앞으로 더 풍성하고 구체적인 사실들을 신앙인들과 나누기 위해 최선을 다할 것이다.

아르메니아와 조지아에 산재한 코카서스는 대코카서스(Greater Caucasus)와 소코카서스(Lesser Caucasus)로 나뉜다. 대코카서스는 총길이가 1,200km에 이르고, 소코카서스는 600km다. 대코카서스와 소코카서스 중간에 펼쳐진 저지대는 남북으로 100km에 이른다. 대코카서스는 해발 5,000m 이상 되는 고봉들이 8개 정도 되고, 웅장한 산세로 인하여 비교적 많이 알려져 있다. 하지만 소코카서스는 일부 지역을 빼고는 잘 알려지지 않은 것이 사실이다.

소코카서스 중심의 아르메니아 조지아 성지순례는 흑해의 진주라고 하는 바투미(Batumi)부터 시작한다. 바투미 시내에서 조지아와 튀르키예의 국경으로 가다 보면, 국경을 통과하려는 화물차들이 길게 늘어서 있는 지점에 안드레 사도의 유적이 나온다. 산에서 흑해로 흐르는 계곡물

이 시원하게 내려와서 더위를 식히려는 사람들이 폭포 아래쪽에 자리 잡고 떨어지는 물줄기에 몸을 맡긴다. 안드레 사도의 폭포는 예수님의 12사도 중 하나인 안드레 사도가 조지아를 복음화하기 위해 첫걸음을 내디딘 곳을 기념한다. 조지아를 찾은 사도들은 총 3명인데, 안드레, 열심당원이었던 시몬, 그리고 보선된 맛디아다.

바투미와 안드레 사도 폭포의 중간에 있는 고니오(Gonio) 요새는 네 개의 성문과 22개의 타워로 이루어진 요새다. 땅끝을 찾아 복음을 전했던 사도들 가운데 안드레 사도, 열심당원 시몬 사도, 가룟유다 대신에 12사도의 일원이 된 맛디아 사도 등이 조지아 사도교회의 기초를 놓았다. 초대 교회 당시 사도들이 내륙의 도로를 이용해서도 복음을 전했고, 아울러 바다의 길을 따라서도 이동하며 복음을 전파했다. 흑해 연안에 위치한 고니오 요새도 예외는 아니었다. 고니오 요새의 중앙에 위치한 조지아 국기가 아름답게 장식되어 있다. 큰 십자가 하나에 작은 십자가 네 개다.

고니오 요새는 맛디아 사도가 순교한 장소로 널리 알려져 왔다. 맛디아 사도가 북아프리카의 에티오피아로 갔다는 말도 있는데, 당시 조지아의 지명 가운데 비슷한 이름이 있어서 후대의 사람들이 오해를 한 것이 아닌가 사료된다. 세 명의 사도가 직접 와서 복음을 전하여 교회가 설립되고 성장하였기 때문에, 아르메니아와 같이 조지아도 사도 직계 교회로서의 정체성과 위상을 갖는다. 로마 가톨릭, 즉 천주교는 유적을 만들어 숭배하지만, 기독교는 역사적 유적을 조성하여 숭배가 아니라 기억하는 사명을 감당함으로, 성경과 교회사의 유적을 기억하고 기념하는 일에 최선을 다해야 한다.

　흑해의 진주라고 불리는 바투미는 고대로부터 바다를 통한 교역의 중심지뿐만 아니라 사도들을 비롯하여 복음의 항구가 되어 생명의 역사를 잇는 가교 역할을 감당해 왔다. 바투미 구시가지에 남아 있는 고풍스러운 역사만큼이나 케이블카를 타고 올라가서 내려다보는 바투미와 흑해의 전경이 복음처럼 아름답다.

 흑해의 바투미에서 가까운 쿨로(Khulo)에서부터 아할치헤까지 이르는 약 80km의 길을 고데르드지 패스(Goderdzi Pass)라고 부른다. 소코카서스의 등줄기에 해당하는 곳이라고 해도 무방하다. 해발 2,200m를 전후하는 고지대에 완전 비포장도로로 이루어진 위험한 길이다. 실크로드의 천산 북로에 해당하는 코카서스는 고데르드지 패스를 통해서도 상인들이 오고 갔다. 모든 실크로드는 복음의 길이기도 했다. 필자가 이곳을 포함하여 소코카서스도 곳곳을 훑고 다녔으니 거의 최초가 아닌가 싶다. 고데르드지 패스를 통과하는 과정에서, 산사태로 길이 막히고, 큰 바위들이 굴러떨어져서 피해 가고, 비 온 후 물이 넘쳐서 간신히 빠져나오는 등 지금 생각해도 등골이 오싹하다. 사실 이 길이 지구상에서 가장 위험한 도로 중 하나로 악명이 자자하다는 사실을 나중에 알게 되었다. 그 정도로 위험한 순례길이다. 앞으로 제대로 포장되고 나면 순례자들이 감탄하는 명소가 될 것이다.

소코카서스의 등줄기와 같은 고데르드지 패스의 정상에 가면 목축업을 하는 조지아 사람들이 옹기종기 모여 산다. 소코카서스가 튀르키예와 국경을 맞대고 있고, 역사의 질곡 속에서 국경선이 바뀌면서 이슬람교를 숭상하는 튀르키예 사람들도 자기들만의 공동체를 형성하고 중간중간에 무슬림 사원을 짓고 산다. 세계 최초의 여성 조명자 국가이자 세계 두 번째 기독교 국가인 조지아가 신앙적 정체성이 분명한 것과 같이 이슬람 신자들도 자신들의 종교적 전통을 고수하며 기독교의 관용 아래서 공존하고 있다.

소코카서스의 등줄기에 해당하는 고데르드지 패스의 종착지인 아할치혜성이다. 원래는 사자라는 뜻의 롬시아로 불리다가, 아랍어로 요새화된 장소라는 의미의 라바티 성으로 불렸다. 조지아의 바그라티 왕조는 다윗왕의 직계 왕손들이 세운 왕국 또는 제국으로 유명하다. 다윗왕의 왕실 후손들이 지구상에서 가장 예수님을 잘 믿는 왕가를 이루었다는 놀라운 사실이다. 그래서 다윗 왕가를 상징하는 사자가 특별하다. 아할치혜는 새로운 성이라는 뜻으로 조지아 말이다. 예로부터 이곳은 군사적 요충지 역할을 했기 때문에 실크로드를 따라 몽골 등과 같은 침략자들의 흔적이 역력하다. 역사적으로, 기독교와 이슬람의 통치가 각 시대를 풍미했기 때문에 다양한 종교적, 문화적 흔적들이 남아 있다. 강대국들의 군웅할거의 역경을 온몸으로 체득하며 기독교의 정체성을 지켜 오고 있는 저력이 대단하다는 생각이다. 이스라엘 예루살렘 구시가에 가면, 기독교 구역, 이슬람 구역, 유대교 구역으로 나뉘어 항상 긴장이 흐르고 평화는 요원해 보인다. 하지만, 기독교인들이 순교적 희생과 피로써 지켜 낸 아할치혜성은, 예루살렘 구시가와 마찬가지로 세 개의 종교가 공존한 흔적을 가지고 있지만, 실현된 기독교의 평화가 무엇인지 사실적으로 보여 주는 전형적인 곳이다. 아할치혜성은 기독교의 평화가 온몸으로 느껴지는 곳이다.

소코카서스의 등줄기를 따라 내려오다 보면 만나는 바르지아(Vardzia) 동굴 교회와 수도원 구역이다. 조지아의 바그라티 왕조에 속하여 최고의 전성기를 이끌었던 타말 여왕과 밀접한 관계가 있다. 타말 여왕이 어릴 때 아저씨를 따라서 바르지아에 와서 길을 잃었는데, '아저씨 나 여기 있어요'라는 말에서 유래된 용어가 바르지아가 되었다는 것이다. 중세 시대

아르메니아와 조지아의 황금기를 열었던 바그라티 왕조는 '하나님이 지명하여 부른 사람들'이라는 뜻과 같이 교회와 민족을 떠받드는 사명을 훌륭하게 감당하였다. 바그라티 왕조는 다윗 왕의 직계이다. 이곳은 생바위를 한 땀 한 땀 뚫어서 만든 세계 최대의 동굴 도시이다. 튀르키예에 있는 갑바도기아 지역은 비교적 간단한 도구로 거처를 만들 수 있었던 지형이라 초대 교회 기독교인들이 피난처로 삼았던 곳이다. 하지만, 바르지아는 피와 땀과 수고가 처절하게 요구되는 바위 지역이었다. 현장에 방문하면 더 가슴이 아파 오는 이유다. 그곳은 기독교인들의 애환, 신앙, 눈물, 희생, 순교의 희생이 절절하게 스며 있는 곳이다. 그래서 '나의 힘이 되신 여호와여' 찬양이 목소리 터지듯이 절로 우러나온다.

소코카서스의 등줄기를 타고 내려와서 만나게 되는 커트비시성(Khertvisi Castle)이다. 2,000m 이상 되는 소코카서스의 위험한 비포장도로를 타고 내려와서 바르지아를 가든, 아할치헤를 가든 반드시 거쳐 가야 하는 곳에 위

치한다. 마케도니아의 알렉산더 대제가 이 지역을 정복해 나가면서 곳곳에 촘촘히 세워진 성채들을 보고 놀라움을 표하기도 했다. 그만큼 외세의 침략에 맞서서 방어체계가 잘 갖추어져 있었다는 말이다. 알렉산더 대제가 이 지역을 완전히 장악하는 데 6개월 이상이 소요되었다고 하니 천혜의 요새였다고 할 수 있다. 그래서 조지아인들에게 커트비시성은 당시 세계 최강 정예 군대를 막아섰던 기개와 민족적 자긍심을 느끼게 해 주는 곳이다.

조지아와 아르메니아 국경 지역에 세워진 아르메니아의 세종대왕인 메스롭 마스톳츠의 동상이다. 조지아의 국경도시인 아할칼라키에 위치한다. 기독교 국가인 아르메니아와 조지아의 우정을 상징해서 메스롭의 동상을 세워

놓았을 수도 있고, 일설에 의하면, 아르메니아의 문자를 창제한 후, 조지아의 문자를 만드는 과정에서 도왔다는 입장도 있는 것을 볼 때, 복합적인 이유로 국경 도시에 설립했을 가능성이 높다. 메스롭이 아르메니아 문자를 만드는 일에 앞장섰기 때문에, 실크로드에 산재한 민족들이 이름만 남기고 흔적도 없이 사라져 간 일들이 비일비재한 상황에서 민족적, 신앙적 정체성을 지키는 데 크나큰 역할을 했다. 이것은 문자를 가진 조지아도 마찬가지다.

세계 최초의 여성 조명자 니노의 마을이다. 여성 조명자인 니노가 지나간 흔적이 마을 이름을 통해서 간직되고 있다. 니노는 로마제국에서 귀족의 여식으로 태어나 가야네 공동체에 합류한 후, 아르메니아의 수도인 바가르샤팟에서 도피 생활을 하던 중 박해를 받고 니노를 제외한 30여 명의 여성 공동체 구성원들이 순교를 당했다. 위대한 여성 지도자인 가야네의 영적 리더십으로 조지아의 복음화를 위해 니노는 죽음의 구덩이에서 살아 나올 수 있었고, 한 나라를 온전히 하나님께 바칠 수 있었다.

여성 조명자 니노의 발자취를 기념하는 니노츠민다 마을에서 멀지 않은 곳에 그녀가 한 민족의 구원을 위한 비전을 경험한 장소가 있다. 파라바니 호숫가에서 그녀가 신앙적인 경험을 한 것을 기념하여 아담한 채플과 포도나무 십자가가 세워져 있다. 니노는 포도나무 십자가를 들고 조지아의 영적 중심지인 므츠헤타(산으로 둘러싸인)에 가서 기존의 가옥교회 성도들과 함께 복음을 전했다. 하나님이 예비하신 대로, 조지아의 미리안 3세 왕과 나나 왕비의 헌신을 통해 조지아는 니노와 함께 세계 두 번째 기독교 국가가 되는 영광을 안았다.

역사적인 마랍다(Marabda) 전투에서 국가와 교회의 독립을 위해 용감하게 싸우다 전사한 커클로드제 가문의 기념 묘비다. 1625년 이란계 사파비드 왕조의 지배에서 벗어나 정치와 종교의 독립을 이루기 위해 지위고하를 막론하고 20,000명 이상의 조지아인들이 정규군과 맞서 싸웠다. 9명의 형제들은 최선봉에 서서 싸웠고, 그들의 모친과 누이는 후방에서 전투를 지원하다가 모두가 장렬히 전사하였다. 세계 두 번째 기독교 국

가인 조지아는 기독교 신앙을 중심으로 하는 민족적 정체성을 지키기 위해서 수많은 전쟁을 치러야 했고, 셀 수 없이 많은 순교자들이 고귀한 피를 산야에 뿌렸다. 그래서 이렇게 스러져 간 순교자들이 들판을 흐드러지게 수놓은 아름다운 야생화로 피어나는 것이다. 들판의 야생화는 순교자들이다.

소코카서스의 아름다움을 간직하고 있는 로리(Lori) 지역은 아르메니아에서도 거룩한 성지로 추앙을 받는 곳이다. 이 지역에는 역사와 전통을 간직한 12개의 교회와 수도원교회들이 산재해 있다. 이 지역은 아르메니아의 전형적인 지형적 구조를 여실히 보여 주는데, 협곡의 아래쪽에 흐르는 데베드강을 끼고 길게 도로와 마을이 형성되어 있고, 협곡에서 정상으로 올라가면, 드넓은 평원이 펼쳐져 있다. 정상에 위치한 고원 지역에서 목축과 농사를 짓는데, 그 끝자락은 깎아지는 절벽으로 천야만야한 계곡이 아래로 펼쳐져 있다. 가장 대표적인 수도원교회 구역이 죄를 중오한다는 뜻의 아흐팟 수도원교회이고, 그 옆 마을의 정상에 사나힌 수도원교회 구역이 자리한다. 사나힌은 아흐팟보다 약간 더 오래되었다는 뜻이다. 아울러 도마 사도로부터 사도적 기원을 간직한 어드준 교회다. 도마 사도가 복음을 전하여 가옥교회가 설립되어 발전하였고, 주후 301년에 아르메니아가 세계 최초의 기독교 국가가 된 후에 현재의 형태로 변화되어 왔다. 어드준은 아르메니아에서 가장 오래된 교회 중 하나로 '기름 부음 받음'이라는 의미다.

여기서 언급하지는 않았으나, 소코카서스는 생명수의 원천으로 유명하다. 세계적인 바쿠리아니 생수, 보르조미 생수, 코카콜라사가 야심 차게 개발한 티스 생수, 보르조미 탄산수까지 유명세를 톡톡히 하고 있다. 아르메니아는 제르묵 생수, 아라랏 생수, 제르묵 탄산수 등 다양한 물들이 세간의 주목을 받고 있다. 지정학적으로 코카서스를 제2의 천국으로 부르듯이, 노아의 방주가 도달한 아라랏산이 역사적 에덴동산을 아우르고 있다는 아르메니아인들의 변함없는 고백과 함께, 이 모든 사실들이 상호 긴밀하게 연결되어 있다고 하겠다.

제5장

아르메니아 조지아 성지순례 현장:
아르메니아 하이랜드 중심

　아르메니아 하이랜드 지역은 역사적 에덴동산을 아우르는 아라랏산들을 중심으로 광대하게 펼쳐져 있다. 큰 아라랏산과 작은 아라랏산을 상징하는 건물이 아르메니아의 수도 예레반에 세워져 있다.

아르메니아 하이랜드(Armenian Highlands)

비옥한 초승달 지역, 즉 메소포타미아와 그 주변을 중심으로 북쪽 산악지역에 위치한, 북방 거의 전체를 아르메니아 하이랜드라고 부른다. 역사적으로, 아르메니아 하이랜드는 소코카서스(Lesser Caucasus), 튀르키예의 동쪽 지역인 동부 아나톨리아 고원 지대, 이란 고원 지대, 그리고 심지어 메소포타미아의 일부 지역까지를 포함한다. 그만큼 광활한 지역이다. 현재 아르메니아 하이랜드의 일부로서, 튀르키예의 영토인 동부 아나톨리아 지역에 산재한, 아르메니아 역사 유적에 대해서는 필자가 『아르메니아 조지아 성지순례 핸드북』에서 다룬 바 있다.

◆ 전체 역사의 흐름 속에서 보기

아르메니아의 역사를 전체적으로 보기 전에, 단순히 직관적으로, 대다수 사람들은 현재의 아르메니아만 보고서 '작고 힘없는 나라인데'라고 하면서 약간 과소평가하는 듯한 말을 한다. 그러다가 아르메니아가 창세기 1장에서 10장까지의 배경이며, 성경의 기록 속에서 구속사의 복선으로 감추어져 있었다는 사실을 알게 되고, 사도 직계 교회, 그리고 세계 최초의 기독교 국가라는 사실들을 알아 가면서 사람들의 생각이 바뀌곤 한다. '역사적 에덴동산 아르메니아', '노아의 방주와 신인류의 시작 아르메니아'라는 거국적이며 민족적인 고백을 수천 년에 걸쳐서 변함없이 하고 있다는 사실만으로도 대단한 것이다. 그렇기 때문에 아르메니아는 역사의 전체를 보아야 하는, 즉 통시적인 견지에서 바라보아야 성경과 교회사에 기반을 둔 구속사의 흐름 속에서 올바르게 바라볼 수 있는 것이다. 하나님의 역사 속에서 구속사의 전개는 실로 웅대하고 놀랍고 신비스럽다.

이 지도는 아르메니아의 수도 예레반에 위치한 아르메니아 국립 박물관이 소장하고 있는 것이다. 고대 우라투(아라랏) 제국부터 시작하는 아르메니아 역사에서 지울 수 없는 흔적들을 무수하게 남겼기 때문에, 자연스럽게 이 광활한 지역을 아르메니아 하이랜드라고 지칭해 오고 있음이다. 보다 더 중요한 사실은 엄청난 세월이 흘렀음에도 불구하고 아라랏 제국을 포함하여 아르메니아의 유적들이 이 드넓은 지역에 아직도 남아 있다는 사실이다. 역사에서 일정 기간이었다고는 하여도, 팔레스타인과

인접한 지역까지 아르메니아의 영향력이 확장되기도 했으며, 사도 바울의 고향인 길리기아 다소 지역도 마찬가지다. 예레미야 1장의 배경을 이해하는 데도 도움이 된다. 야벳의 후예들을 통칭하는 '아스그나스'의 영향력이 참으로 대단하였다.

시각적으로 표현한 이 지도도 예레반에 있는 아르메니아 역사 박물관에 소장 중이다. 아르메니아 하이랜드는 크게 동부와 서부로 구분된다. 노아의 방주가 도착했던 아라랏산과 소코카서스의 최고봉인 아라갓산 사이에 아라랏 밸리가 넓게 펼쳐져 있는데, 이 밸리를 중심으로 아르메니아 하이랜드의 서부가 동부 아나톨리아 지역이고, 동부는 지금의 아르메니아와 이란 지역이다. 아르메니아의 영산인 아라랏산을 중심으로 북서부에 세반 호수가, 서쪽에 반 호수가, 남동쪽에 우르미아 호수가 자리한다. 성경에서 국제정세에 대하여 가장 해박한 지식을 가진 사람 중의 하나인 예레미야 선지자가 기병대를 중심으로 하는 북방 민족들의 위력에 대하여 언급키도 하였다. 아르메니아 하이랜드는 말을 기르기에 최적화된 곳이었다.

아르메니아 하이랜드에서 큰 아라랏산이 가장 높다. (5,137m) 작은 아라랏산도 해발 3,896m에 이른다. 노아의 홍수라는 대격변이 있은 후, 아라랏산 주변으로 역사적 에덴동산의 흔적이 펼쳐져 있어서, 필자는 '역사적 에덴동산을 아우르는 아라랏산'이라고 말한다. 아라랏산들은 아르메니아에서 조망해야 웅장하고 멋있다. 코르 비랍 수도원교회 구역으로 가는 중간에 자리한 이 지역이 유명한 조망 포인트다. 아라랏 밸리가 드넓게 펼쳐져 있으며, 여기서 포도 농사를 비롯한 다양한 농작물들이 재배되고 있다.

아르메니아 하이랜드에 유서 깊은 실크로드의 흔적이 여러 군데 남아 있다. 아르메니아 하이랜드는 실크로드의 천산 북로에 해당한다. 그중에서 드빈(Dvin)은 실크로드의 천년고도이자 인구 십만 명이 거주하던 당대 최고의 국제도시였다. 아르메니아의 수도인 예레반과 아라랏산을 조망하는 코르 비랍의 중간에 있다. 아르메니아가 주후 301년에 세계 최초의 기독교 국가가 된 이후, 실크로드의 천년고도로서 신앙적인 상업도시로 명성을 날렸다. 1,001개의 교회들로 번창한 실크로드의 거룩한 도성, 애니와 함께 드빈도 상당 기간 나름대로의 역할을 감당했다.

아르메니아 하이랜드에 수많은 기독교 유적지들이 산재해 있는 중에, '새로운 수도원교회'라는 뜻의 노라방크(Noravank) 수도원교회 구역도 영적인 분위기와 함께 주변 지역의 빼어난 자연경관으로 인해 순례자들의 발걸음이 1년 내내 끊이지 않는다. 예수님이 십자가에서 흘리신 보혈을 연상케 하는 붉은 바위들이 배경이 되어 그 어느 곳보다도 주님의 피 흘림이 강하게 느껴진다.

노라방크 수도원교회의 뜰에 우물인 듯 착각하게 만드는 구덩이가 있는데, 사실 우물이 아니고 기도하는 동굴로 사용되었다. 이를테면 매우 조용한 기도처와 같다고 보면 된다.

필자가 기회 되는 대로 말하지만, 아르메니아 조지아는 성지 중에서 단연 최고의 자연경관을 자랑한다. 노라방크로 오고 가는 길 모두 경탄을 자아낼 정도로 빼어난 경이로움과 아름다움이 있다. 위의 사진은 그런 모습에 대한 힌트 정도라고 보면 정확하다. 백문이 불여일견이라고, 직접 현장에서 보고 느끼고 숨 쉬고 대자연과 소통하는 과정이 순례자들에게 많은 유익을 준다.

노라방크를 찾는 순례자들이 많다 보니 경관이 뛰어난 곳에 자리를 마련하고 다양한 음식을 제공하는 레스토랑도 명소가 된 지 오래다. 노아의 때로부터 더욱 보편화된 포도 재배로 인하여 포도 열매뿐만 아니라 가지와 줄기 등 어느 것 하나 버릴 것이 없다. 이 화로는 포도나무 가지를 태워서 음식을 익히는 데 사용되기 때문에 어떤 메뉴이든 향이 배어 독특하다.

노라방크 주변에 노아의 방주에서 나온 신인류가 생육하고 번성해 갔던 흔적이 다양한 동굴들에서 보인다. 이곳은 아레니 1 동굴 구역으로서 고고학적 발굴을 통하여 신인류의 생활상을 볼 수 있다. 여기서 현존하는 인류의 역사에서 가장 오래된 가죽 신발이 발견되었다.

아제르바이잔과의 접경 지역에 위치한 고리스 지역은 기암괴석으로 유명하다. 고리스 근처에 있는 카라훈지는 아르메니아의 스톤헨지로 알려져 있다. 튀르키예의 갑바도기아만 유명한 것이 아니고, 아르메니아 하이랜드에는 이런 경관들이 더 있다. 필자가 『아르메니아 조지아 성지순례 핸드북』을 통하여 소개한 동부 아나톨리아에도 천상의 굴뚝들이라는 기암괴석들이 존재한다. 이란 국경에 있는 바나도기아 또는 바나도키아가 대표적이다. 아울러 아르메니아 하이랜드에 있는 세 개의 호수들 중 하나인 반 호수는 물속에 천상의 굴뚝들을 간직하고 있다. 고리스에 있는 천상의 굴뚝들도 다른 것들에 비하여 결코 뒤지지 않는 기이함과 경이로움을 과시한다.

타테프 수도원교회 구역으로 가는 케이블카는 기네스북에 오른 명물이다. 이 케이블카에서 바라보는 아르메니아 하이랜드의 경관은 숨이 멎을 정도로 웅장하고 수려하다.

노라방크 수도원 구역, 아레니 동굴 구역, 고리스의 천상의 굴뚝들, 타테프 수도원교회 구역을 둘러보고 나서 세반(검은) 호수로 넘어가는 셀림 패스 또한 색다른 경이로움을 선사한다. 실크로드의 천산 북로에 해당하는 셀림 패스도 수많은 사람과 물자가 동서양을 왕래하던 주요 통로였다. 실크로드는 복음의 길이기도 했다.

셀림 패스를 통과하여 검은 호수인 세반 호수를 끼고 한참을 가다 보면 아르메니아 십자가, 즉 캐치카르가 집단으로 자리하고 있는 노라투스 구역에 이른다. 돌을 다루는 데 있어서는 천부적인 재능을 가졌던 아르메니아 사람들은 기독교의 상징인 십자가를 아름다운 예술로 승화시켜서 자신들의 신앙심을 표현해 왔다. 현재 아르메니아의 바다라고 불리는 세반 호수의 아름다움을 또 다른 각도에서 조망할 수 있는 곳이기도 하다.

검은 호수인 세반 호숫가에서 한가로이 풀을 뜯고 있는 말들을 여기저기서 볼 수 있다. 예레미야의 예언에서 언급된 북방 연합군들은 기마병들을 중심으로 빠른 속도로 진격하여 상대편을 공포의 도가니로 몰아넣었다. 고대 시대에 우라투(아라랏) 제국이나 아르메니아 제국의 최전성기도 말을 활용한 강력한 군사력에 근거한다. 메소포타미아를 포함하여 고대 근동에서 명멸해 갔던 대제국들조차도 북방 민족의 존재를 결코 가벼이 볼 수 없었고, 그들의 흥망성쇠의 과정에서 조그만 틈이라고 보이면 북방 민족들이 빠른 속도로 이동하여 고대 근동을 공포의 도가니로 몰아넣기도 했다.

현재 아르메니아 하이랜드에서 대표적인 휴양지로 알려진 딜리잔 국립공원의 아기자기한 모습이다.

소코카서스와 아르메니아 하이랜드가 겹치는 로리 지역에는 12개의 유서 깊은 교회와 수도원교회들이 자리하고 있다. 강물이 흐르는 지상에서 볼 때, 천야만야한 절벽의 정상에 고원 지대들이 펼쳐져 있는 것이 아르메니아 하이랜드의 특징이다. 로리 지역의 기독교 명소들은 대부분 고원 지대에 위치한다. 아르메니아에서 가장 오래된 교회 가운데 하나인 어드준 교회의 모습이다. 어드준 교회도 사도 직계 교회로서의 면면을 자랑한다. 어드준 교회의 뜰에도 그 주변에도 온통 살구나무가 즐비하다. 아르메니아의 국가 열매인 살구는 노아의 방주와 관련된 수많은 이야기들을 간직하고 있는 과일이다.

◆ 계절을 가리지 않고 늘어나는 순례자들

대체적으로, 코카서스와 아르메니아 하이랜드 지역이 고산 지대에 있어서 겨울철에는 많은 눈이 내리기 때문에 순례자들은 주로 봄, 여름, 가을에 방문하는 것이 일반적이다. 하지만 시간이 지날수록, 사시사철 성지의 색다른 모습을 보고 감동을 나누고 은혜를 사모하는 이들이 늘어나고 있는 추세다. 아울러 수많은 사람들이 아르메니아 조지아가 가장 먼저 가야 하는 성지임을 인식하기 시작하면서, 구속사의 큰 흐름 가운데 있는 역사의 현장들을 보고자 하는 열망들이 가히 폭발적이라 할 수 있다. 필자는 앞으로도 새로이 드러난 성경과 교회사의 사실들을 알릴 것이고, 순례자들이 충분한 사전 지식을 가지고 현장을 방문하여 유무형의 유익을 극대화하는 데 초석이 되고자 한다.

제6장

아르메니아 조지아
성지순례 표준 일정

대코카서스의 카즈베기산과 샤니산을 조망할 수 있는 게르게티 삼위일체(사메바) 교회의 모습이다.

1일차

◆ 조지아 트빌리시 입국 및 호텔 체크인

조지아의 수도 트빌리시의 야경. 마타츠민다(성령의 산), 유로 공원, 메테히 교회, 바흥탕 고르가살리 왕의 기마상, 10만 순교자의 다리, 나리 칼라 요새, 조지아의 어머니상, 시오니 카세드럴, 므츠바리강.

2일차

◆ 지바리 수도원교회

므츠헤타의 삼타브로(권세자의 안식처), 사도들의 전도로 가옥교회가 설립되어 발전한 곳, 초대 교회 성도들의 무덤, 조지아의 여성 조명자 니노가 블랙베리 부쉬의 비전을 통해 복음을 전한 장소, 니노 채플.

므츠헤타의 스베츠호벨리 카세드럴, 토착화된 유대인 엘리야가 예수님의 십자가 사건을 목격한 후, 주님의 성의를 가지고 왔고, 시도니아가 입고 즉사하여 그대로 묻힌 장소.

◆ 에메랄드 빛 진발리 호수

누리 출신의 아나라는 여인의 희생과 충정을 간직한 아나누리 교회와 성채, 주님의 성의를 입고 묻힌 시도니아와 최후의 심판을 그린 성화들.

구다우리에서 약식 트래킹(상황에 따라 변동 가능).

지바리 수도원교회에서 바라본 므츠헤타. 삼타브로 수도원교회, 스베츠호벨리 카세드럴, 므츠바리강, 아라그비강, 212km에 달하는 군사도로(대코카서스를 관통하는 역사적인 도로).

3일차

    기원전부터 존재한 212km의 군사도로를 따라 스테판츠민다로 이동.

    노아의 예언처럼, 이스라엘 12개 지파가 야벳의 후예들 땅에서 토착화되어 아스그나스 유대인으로 불렸고, 아스그나스로 통칭되던 사람들과 함께 확산하던 대코카서스 체험.

    1,200km에 뻗어 있는 대코카서스의 5,000m 이상 되는 8개의 고봉들 중 카즈베기산(5,047m) 조망.

    게르게티 삼위일체 교회(2,170m)에서 카즈베기산과 샤니산 관망, 사륜구동차로 이동.

아할치헤성에는 기독교, 이슬람, 유대교가 공존한다. 평화가 요원해 보이는 예루살렘 구시가와는 다르게, 아할치헤성은 기독교인들의 순교적 피 흘림의 대가로 지켜 낸 주님이 원하시는 평화가 깃들어 있다.

스탈린의 고향, 고리와 주님의 요새인 우플리츠케를 지나서, 세계적인 생수와 탄산수로 유명한 보르조미와 바쿠리아니 경유.

아할치헤(새로운 요새)성 순례, 동서양의 문명이 만나고 군사적 요충지로서 교회, 이슬람 사원, 유대교 회당이 공존, 기독교화되어 주님의 평화가 깃든 곳, 롬시아(사자)로도 불림, 아랍인들이 점령했을 때는 라바티(요새화된 장소)로 불림.

대코카서스의 한 장면.

4일차

   바르지아(아저씨 나 여기 있어요) 동굴교회 및 동굴도시 순례, 순교자들의 거룩한 희생과 기독교인들의 피난처, 인구 3만 이상이 거주하던 세계 최대의 동굴도시, 가장 단단한 생바위를 한 땀 한 땀 일구어 만든 장소.

기독교인들의 피난처인 바르지아. 단단한 바위를 한 땀 한 땀 수고로 파낸 흔적이 기독교인들의 애환과 신앙을 위한 처절함으로 다가온다.

커트비시성. 파라바니강과 므츠바리강, 바위산 위에 지어진 천혜의 요새.

　커트비시 성채, 파라바니강과 므츠바리강 사이에 위치한 천혜의 요새로 마케도니아 제국 알렉산더 대왕의 최정예 군대를 6개월 이상 막아 냈던 조지아의 자존심.

　므츠바리 강 위에 놓인 흔들다리.

5일차

 조지아를 세계 두 번째 기독교 국가로 만든 후, 여성 조명자 니노는 '역사 속으로 조용히 사라져 간' 삶을 살았는데, 그녀의 마지막 숨결이 느껴지는 보드베 수도원교회로 이동, 니노의 무덤 순례.
 조지아의 실로암 연못, 니노의 샘물.
 사랑과 낭만의 도시, 시그나기는 해발 800m에 위치, 천재 화가 니코 피로스마니의 백만송이 장미 배경, 시그나기의 상징인 아르메니아 사도교회 교회당 조망.
 다비드 가레자 동굴수도원교회 순례, 거룩한 순교자들의 자리, 앗시리아 제국의 멸망 후, 제국의 흔적을 간직한 아시리안이라는 소수 민족이 사도들의 전도로 민족 전체가 기독교 수용, 초대 교회 지도자들 중 아시리안계가 많음.

시그나기의 상징인 아르메니아 교회와 알라자니 밸리. 이 밸리에서 조지아를 대표하는 하나님이 내린 음료가 생산된다.

다비드 가레자 동굴 수도원교회 구역. 수많은 순교자들의 흔적을 간직한 곳.

6일차

조지아와 아르메니아 국경 통과.

데베드 강과 데베드 캐년을 따라 이동.

아르메니아 로리 지역에 세워진 12개의 오래된 교회와 수도원교회들 가운데 하나인 아흐팟(죄를 증오한다) 수도원교회 순례.

어드준(기름부음 받음) 교회 순례, 도마 사도의 전도로 가옥교회가 설립되어 발전되다가 주후 301년에 아르메니아가 세계 최초의 기독교 국가가 되고 나서 현재의 예배당으로 자리매김.

아름다운 딜리잔 국립공원 경유.

해발 2,000m에 위치한 산정호수인 세반(검은) 호수와 세바나방크 두 사도 기념교회 순례.

노아로 대표되는 신인류가 생육하고 번성하던 아라랏 밸리에 세워진 예레반(보인다)으로 이동, 신인류가 건설한 가장 오래된 도시.

어드준 교회. 아르메니아 교회의 건축은 큰아라랏산 위에 십자가를 얹은 모습이다. 교회나 카세드럴 안으로 들어가는 것은 흡사 아라랏산들 중심으로 들어가는 상징이다.

아르메니아 하이랜드에서 대표적인 세 개의 호수 중 하나인 세반(검은) 호수에서 바라본 두 사도 기념교회.

7일차

아라갓산(해발 4,090m)에서 신인류가 생육하고 번성하며, 야벳의 후손들이 '창대'케 되기 시작한, 아라랏 밸리 조망.

엠버드(구름 위의 요새) 요새와 바라마센 교회(예수님의 인성을 다양하게 표현한 성화들).

가야네 순교기념교회와 지하 묘소.

흐릅시메 순교기념교회와 지하 묘소, 무명의 여성 순교자들.

아르메니아의 옛 수도인 바가르샤팟, 노아를 비롯한 신인류가 포도 농사를 지으며 살았던 곳.

주후 301년 아르메니아가 세계 최초의 기독교 국가가 된 후, 조명자 그레고리가 건축을 시작하였고, 세계에서 가장 오래된 에치미아진(부활하신 주님의 강림) 카세드럴.

에치미아진 카세드럴은 '노아의 예언과 조명자 그레고리의 비전이 만나는 곳'.

에치미아진 박물관, 에덴동산이 아르메니아에 있었다는 지도, 예수님의 옆구리를 찌른 창.

츠바르노츠(천상의 천사들) 카세드럴.

아르메니아 대학살 추모공원.

아라갓산 중턱에 있는 엠버드 요새 안에 바라마센 교회가 있다.

바가르사팟에 있는 흐립시메 순교기념교회, 지하 묘소, 30여 명의 무명 순교자들.

8일차

　조명자 그레고리가 약 13년간 갇혀 있었던 코르 비랍(깊은 굴) 수도원 교회, 조명자 그레고리는 아르메니아 전역으로 확산되어 성장해 가던 가옥교회들과 소통하며 영적 리더십 발휘.
　역사적 에덴동산을 아우르는 큰 아라랏산(5,137m)과 작은 아라랏산(3,897m) 조망.
　노라방크(새로운 수도원교회) 수도원교회, 예수님의 십자가 보혈을 연상케 하는 붉은 바위산이 에워싸고 있는 곳.
　아레니 1 동굴, 신인류인 노아의 후손들이 살았던 곳.
　드빈 순례, 주후 301년 세계 최초의 기독교 국가가 되고 나서 수도를 드빈으로 옮겼고, 335년 이후 인구 약 10만의 신앙적인 행정 및 상업도시로 번성.
　게하르드 수도원교회, 아자츠 계곡에 위치하며, 처음에는 바위를 깎아서 만들었기 때문에, 아이리방크 수도원교회로 불리다가, 예수님의 옆구리를 찌른 창이 잠시 보관된 이후, 게하르드(창) 수도원교회로 이름이 바뀜.
　심포니 오브 스톤즈, 아자츠 계곡에 위치, 아자츠 강이 흐르는 양옆으로 세계 최대의 주상절리가 장관을 이룸, 가르니 템플 조망.

아르메니아 예레반(보인다)에서 조망한 큰 아라랏산과 작은 아라랏산.

아자츠 계곡에 위치한 심포니 오브 스톤즈.

9일차

마더 오브 아르메니아 공원.

케시케이드.

조명자 그레고리 기념 카세드럴.

아르메니아 국립 역사 박물관, 신인류의 생육과 번성, 지리적 '창대'함의 축복을 받은 야벳의 후손들이 생육하고 번성한 현장, 다윗 왕조의 직계 왕족이 중세 시대 바그라티(하나님이 지명하여 부른 사람들) 왕조를 통해서 세계 역사상 가장 신앙이 좋은 왕실이 되었고, 큰 아라랏산의 끝자락에 세워진, 이 땅에 임한 하나님의 도성으로서 1,001개의 웅장한 교회들로 번성하던 아니(Ani) 건설, 성경적인 하나님의 나라가 구현된 곳.

세반 호수와 딜리잔 국립공원 경유.

고샤방크 수도원교회.

이제반, 아레니 지역과 함께 아르메니아를 대표하는, 하나님이 내린 음료 생산지.

마더 오브 아르메니아. 이 공원에서 조망하는 예레반과 아라랏산들이 장관이다.

아르메니아의 수도 예레반 공화국 광장에 있는 아르메니아 국립 역사 박물관. 신인류의 생육과 번성, 야벳의 후예들이 지리적으로 '창대'케 되는 자료들을 볼 수 있다.

10일차

나리칼리 요새(왕복 케이블카), 마더 오브 조지아, 삼위일체 카세드럴과 구시가 조망.

메테히 교회와 바흐탕 고르가살리 기마상 경유.

이슬람에서 기독교로 개종한 순교자 아보 채플.

십만 순교자의 다리.

온천지대.

샤르덴 거리.

시오니 카세드럴, 세계 최초의 여성 조명자 니노가 머리카락으로 엮은 포도나무 십자가.

평화의 다리와 유로 광장.

조지아 연대기.

조지아의 수도 트빌리시가 '미지근한 물'이라는 뜻을 가지고 있듯이 구시가에 온천지대가 자리한다.

트빌리시의 바다를 배경으로 산 정상에 위치한 조지아 연대기. 아르메니아와 조지아 모두 기독교 역사 자체인 2,000년 이상 된 교회사에 대한 긍지와 자부심이 대단하다.

11일차

실크로드 복음의 길, 2,000km에 뻗어 있는 천산산맥의 봉우리 중 하나를 체험(항공에 따라서 변동 가능성 있음).

제7장

성경적이고 역사적인 시들

아르메니아 조지아의 들판에 깔린 야생화들은 순교자들이 꽃으로 피어난 것이다.

하나님의 도성, 아니(Ani)를 향한 애가

19세기 무명의 아르메니아 시인 / 최은수 교수 번역

아르메니아 국립 역사 박물관에서 미니어처를 제작하여 철저하게 파괴된 하나님의 도성, 아니에 대하여 기억하고 있다.

아르메니아인들이여, 아니를 불쌍히 여기소서,
　당신들의 아니를 보소서, 당신들은 아니를 보고도 자비심이 생기지 않을 정도로,
　아니가 얼마나 슬픈지 모른다는 말입니까?

아니를 보면서도 눈물이 나지 않나요?

아니가 경험하고 있는 통곡과 두려움의 나날들 속에서,
아니의 눈은 흐르는 눈물로 맹인이 되었고,
항상 아니는 고아처럼 홀로 남겨져 외로움에 치를 떨고 있으며,
작은 행운조차 아니를 외면하고 말았습니다.

천하를 호령했던 아니는 많은 것을 잃었고,
이제는 부엉이들이 아니의 하늘을 날며 주인인 양 행세를 하면서,
부엉이들이 말하기를 '아니의 찬란한 영광은 사라졌고,
고아처럼 버려졌다고'.

나는 아니인데, 한때 사람들로 넘쳐났었지만,
지금 나 아니는 그저 쓰라린 폐허일 뿐입니다.
아니의 통곡, 탄식, 슬픔,
어미 잃은 고아와 같습니다.

한때 나 아니는 타의 추종을 불허할 정도로,
동방을 대표하는 위대한 도시였습니다.
이제 나 아니는 폐허가 되어 땅에 나뒹구는,
홀로 주저앉아, 큰소리로 울고 있을 뿐입니다.

아르메니아인들이여, 당신들은 와서 보았고 이제 떠나려 하네요,

당신들도 하염없는 눈물을 흘리며 아니와 작별 인사를 하는군요.

당신들이 영산인 아라랏의 정상에 오를 때,

신령한 산에 임재하신 하나님께 부디 아니를 잊지 말아 주십사 전해 주시기 바랍니다.

영산인 아라랏에 강림하신 하나님께,

불쌍한 아니가 폐허가 되어 울고 있다고 아뢰어 주십시오.

언제쯤 아니에게 다시 한번 기회를 주시어,

더 이상의 눈물을 흘리지 않아도 되는지도 여쭈어 주십시오.

하나님의 도성, 아니(Ani)는 1,001개의 교회들로 넘쳐나던 거룩한 곳으로, 현존하는 인류 역사상 가장 이상적인 하나님 나라의 모습을 구현했던 성스러운 장소였다. 아니에는 의식주의 문제로 고통받는 이들이 없을 정도로 이 땅에 임한 천국의 모형이었다. 더군다나 다윗 왕가의 왕족 직계가 건설한 하나님의 도성이라는 점에서 가장 예수 잘 믿는 왕실로 역사에 남아 있다.

아르메니아 대학살의
꽃다운 순교자들에게 바치는 시

그리쉬 다비시안 / 최은수 교수 번역

오스만 투르크에 의해 스러져 간 조국의 영령들이여, 순교자들이여,
우리의 가슴속에 당신들은 향기 나는 꽃들로 피어나고 있네요.
향기로 진동하는 사랑의 꽃들로 말입니다. 숭고한 희생의 꽃들로 말입니다.

거룩한 순교자들이여,
아라랏산들을 아우르는 역사적 에덴동산에서 꽃을 피우시는군요.
당신들은 세찬 인생의 회오리 속에서, 당신들의 거룩한 순교로 조국을 지키고 안위하셨습니다.

당신들의 거룩한 순교를 기억하는 우리들은 신앙을 위해서 싸울 것이고, 순교자들을 기억할 것입니다.

목숨이 다하는 그 순간까지, 우리들의 결의는 사라지지 않을 것입니다.

순교자들은 이미 꽃을 피우며 만개했습니다.
우리가 흘렸던 눈물이 강수를 이루었고,

아르메니아 예레반에 있는 아르메니아 대학살 추모 공원. 오스만 제국의 12개 지역에서 조직적인 살육이 발생했기 때문에 12개의 구조물이 둥근 원형 모양으로 두르고 있고, 중앙에는 꺼지지 않은 불을 피워서 순교자들을 기억하고 있다. 주변에 꽃들이 놓여 있어서 순교자들이 들판의 야생화로 피어나고 있음을 상기시킨다. 죽어도 죽은 것이 아니고, 생명의 꽃으로 들판을 물들이고 있다는 결연한 의지다.

우리의 기억함으로 당신들은 만개하며 아름다운 꽃으로 살아나셨습니다. 아르메니아의 당찬 기상으로 말입니다.

우리 가슴속에 펼쳐진 들판으로 아름다운 순교자들의 꽃들이 만개하여 가득 찼습니다.

역사적 에덴동산을 가득 메운 아름다운 꽃들로 승화되어 가장 아름다운 모습으로 자태를 뽐내고 있습니다.

아르메니아 대학살 추모공원에서 흘러나오는 노래가 심금을 울린다. 이곳에서 조망하는 아라랏산들은 민족의 영산답게 웅장하고 신령하다. 아라랏산들 주변으로 역사적 에덴동산의 흔적을 간직하고 있다는 고백에서 볼 수 있듯이, 아름다운 꽃으로 피어나는 순교자들이 그 주변을 아름답게 장식하고 있다.

아라랏산들을 아우르는 역사적 에덴동산은 신인류의 기원지요, 거룩한 지성소입니다.

우리의 가슴속에 은혜의 꽃들로 뒤덮이게 하셨습니다.

그 에덴동산이 사랑의 꽃으로 가득 차게 하셨습니다.

우리의 슬픔과 고통조차도 그 아름다운 동산을 가득 메운 순교자들의 꽃들로 아름답게 승화되고 있네요.

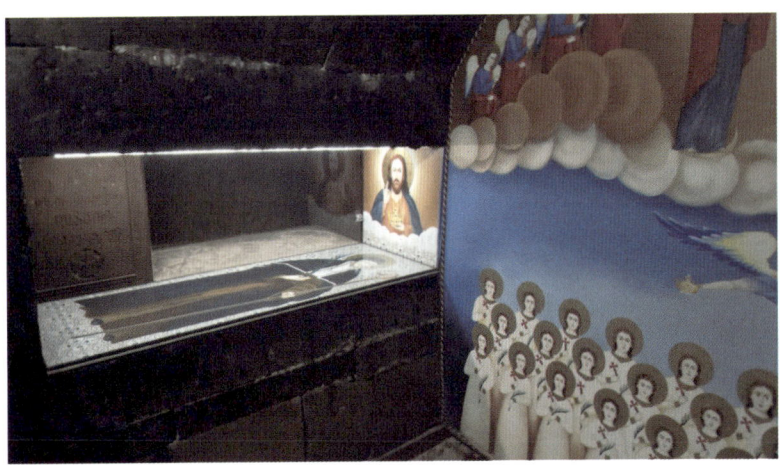

아르메니아 사도교회는 2,000년이 넘는 교회 역사 자체이기에 처음부터 순교의 피로 강산을 적시며, 세계 최초의 기독교 국가가 되는 데 있어 밑거름이 되었다. 아르메니아가 기독교 국가가 되기 1년 전인 주후 300년에 가야네의 여성 공동체에 속한 30여 명이 처참하게 순교를 당했다. 여기는 에치미아진에 있는 가야네 순교기념교회와 지하 묘소다.

| 감동을 나누며 추천하는 글들 |

'환희와 눈물', '치유와 회복', '꿈의 회복과 도전'

"얼마 전 목포의 목사님들과 장로님들 30여 분이 최은수 교수님과 조지아 아르메니아 순례를 다녀왔습니다. 11박12일 여행 기간 내내 그곳에 숨겨진 역사적 사실과 관련된 인물, 장소 등에 대해 역사적 의미와 스토리를 담아낸 쉼 없는 명품 해설로 표현할 수 없는 큰 은혜와 감동을 받았고 그동안 알지 못했던 하나님의 또 다른 섭리와 역사를 알아 가는 귀한 시간이었습니다. 이번 가이드북을 발간을 통해서 더 많은 한국 교회들이 조지아 아르메니아에 대해 알아가는 계기가 되고 믿음의 지경이 확장되는 귀한 은혜가 있기를 기원드립니다."

- 고삼수 장로(목포기독교근대역사기념사업회 부이사장)

"저는 20여 년 동안 역사를 가르쳤습니다. 그러나 아르메니아와 조지아가 얼마나 하나님의 구속 역사에 중요한지, 최은수 교수님의 책과 강의를 통해 지금까지 알지 못했던 놀라운 사실을 깨닫고 배웠습니다. 그래서 이 책을 강추합니다."

- 강민수 교수(광신대 역사신학)

"처음 소개를 받을 땐 여행을 갔으나 가서 보고 들으면서 고대 세계와 구약과 신약의 역사가 연결되고 여행이 진행되면서 담대한 믿음의 여정을 함께 걸었고, 돌아올 때는 하나님께서 붓으로 터치한 저녁노을로 오래도록 남습니다."

- 미국 캘리포니아 곽부환 목사

"피와 눈물로 지켜온 신앙의 숨결이 피부로 느껴지는 조지아와 아르메니아 순례길에서 최은수 교수의 신학적이고 성서에 기초한 세밀한 안내로 사도들의 행적을 입체적으로 경험한 시간여행이었다."

- 권용식 목사(전남 기독교 연합회 회장)

"최초의 기독교 공인 국가인 아르메니아(301년), 그리고 조지아(326년)를 아시나요?
성지순례는 아르메니아, 조지아부터! 때가 차매, 성지순례는 아르메니아와 조지아부터 해야죠! 창세기 9:27 '하나님이 야벳을 창대하게 하사 셈의 장막에 거하게 하시고'의 말씀대로 아르메니아와 조지아 땅에서 성취되었음을 알게 된다면 이것은 우리에게 큰 축복이 될 것입니다."

- 김윤환 교수(고대 의대 명예교수,
세계기독의사치과의사회 2026년 제주국제대회 조직위원장, 전주예수병원)

"신인류의 역사가 시작된 땅, 『아르메니아 조지아 성지순례 가이드북』은 복음의 빛이 비추어 순교의 피가 스며든 곳을 소개하며, 우리를 믿음의 길로 인도합니다."

- 모상련 목사(주안교회)

"한국 교회의 저명한 교회사 교수님이 『아르메니아 조지아 성지순례 핸드북』에 이어 『아르메니아 조지아 성지순례 가이드북』을 출간하게 되어 축하하며 성경과 역사를 제대로 이해하고 싶은 분들은 꼭 한번 읽어 보실 것을 권장합니다."

- 미국 애틀랜타 박철홍 목사

"순교자들의 피와 그들의 신앙에 나의 신앙이 비춰져 새로운 영적 갑옷을 입게 되는 은혜의 시간들이었습니다."

- 손미숙 사모/시인(성광교회)

"세계 최초 기독교 국가 아르메니아와 조지아, 두 나라를 순례하며 곳곳마다 우뚝 세워진 십자가에 깊이 매료되었다. 공원에도 산에도 건물에도 우뚝 세워진 십자가는 예수님의 피 묻은 복음의 흔적으로 외세의 침략을 막아 내는 강력한 능력이라는 생각이었다."

- 송태후 장로(목포 기독교 근대역사 기념사업회 상임이사)

"전문가 최은수 교수님과의 특별한 순례.

은혜이고 감사였습니다.

아직도 꿈을 꾼 듯합니다.

아라랏 밸리와 코카서스의 감동.

노아 이후 신인류의 시작인 곳,

하나님의 도성 아니(Ani)의 그리움이 사무친 곳,

시그나기의 백만 송이 사랑이 있는 곳,

조명자 그레고리와 니노의 헌신,

수많은 순교자들의 발자취가 있는 곳,

그보다도 좋은 사람들과의 여행의 즐거움~

모든 것이 은혜였고, 감사였습니다.

조지아 아르메니아 8행시

조 - 조명자 니노의 빛을 따라 세계 최초 여성 조명자 국가 조지아.

지 - 지친 영혼 십자가 복음으로 치유받고 고난 속 다져진 신앙의 회복.

아 - 아주 탁월한 최은수 교수님의 지도 아래 모든 팀원과 함께한 은혜로운 순례였네!

아 - 아르메니아, 사도들의 순교 피 위에 세워진 세계 최초 기독교 국가.

르 - 르네상스와 비교할 수 없는 코르 비랍에서 피어난 그레고리의 끈질긴 인내와 생명력.

메 - 메스롭 마쉬톳츠의 고유 문자로 민족 정체성 지키며 대학살의 아픔

이겨 낸 곳.

니 - 니느웨처럼 시련 속에서도 빛난 믿음, 회복의 약속이 흐르는 곳.

아 - 아라랏산 품에 안긴 에덴의 약속, 노아의 방주가 멈춘 땅. 오직 은혜였고 감사뿐이었네."

- 서인석 목사(창조교회)

"창세기 1~10장의
아르메니아 조지아 성서 땅에
눈물과 환희의 대로를 개척하는 성지 강의 최은수 교수의 발자국."

- 서종옥 장로/이사장(안력산의료문화재단)

"최은수 교수님은 특출한 역사신학자로서 성경을 대하면서 아르메니아와 조지아의 성지순례를 개척함으로 성지순례의 차원을 달리하도록 하셨습니다. 기독신자들이 한 번쯤은 성지순례에 관심을 가지고 실제로 경험하는데 기존의 순례지가 아닌 아르메니아 조지아 성지순례는 성경 진리를 더 깨닫고 새기게 하며 이를 통한 간증거리도 풍성하게 할 것입니다. 금번에 최 교수님이 출간하는 『아르메니아 조지아 성지순례 가이드북』은 성지순례 전에 사전 지식을 주고 성지순례 중에 확신을 주며 성지순례 후에 신앙의 강화에 큰 유익을 줄 것을 확신하며 일독과 소장을 추천드립니다."

- 신재철 교수(부산외대)

"아르메니아 조지아 성지순례의 독보적인 전문가 최은수 교수의 두 번째 가이드북을 기쁜 마음으로 강추한다."

- 신성욱 교수(아신대 설교학)

"『아르메니아 조지아 성지순례 가이드북』은 세계 최초의 기독교 국가 아르메니아와 두 번째인 조지아가 어떠한 과정을 통해 믿음을 갖게 되었고, 또 그것을 끝까지 지켜 낸 역사를 알 수 있는 신앙 유산을 순례하기 위한 결정판 가이드북입니다. 세계문화유산으로 등재된 수도원교회들과 장엄한 카세드럴, 그리고 아름다운 자연에 둘러싸인 수많은 성지를 사진과 해설을 통해 소개하고 있습니다. 순례에 필요한 실제적인 정보뿐 아니라, 성경 속 노아의 방주가 역사적 사실임을 비롯하여, 역사적 배경과 신앙의 선배들에 대해서도 다루고 있어, 여행의 사전 학습이나 순례 후 되돌아보는 데에도 최적입니다. 신앙인뿐만 아니라, 이제 막 진리를 찾기 시작한 분들, 그리고 역사를 사랑하는 분들에게도 크게 도움이 되는 반드시 소장해야 할 가이드북입니다."

- 쇼다 신야 목사(일본 복음자유교단 호소노 채플)

"환희, 감동, 눈물, 치유, 회복이 있는 아르메니아, 조지아 성지순례를 꿈꾸며 준비하는 기간, 과연 그럴까? 순례객을 모집하기 위한 구호가 아닐까? 의문이 들었으나 아르메니아 조지아 땅을 밟고 최은수 교수님의 해박한 지식을 통한 가이드에 그 모든 의심은 사라지고 그야말로 큰 감동이

밀려오며 기쁨과 눈물, 치유와 회복을 경험하는 놀라운 시간이 되었습니다. 이 모든 과정을 책으로 엮어 두 번째『아르메니아 조지아 성지순례 가이드북』을 출간한다니 이제 책을 통해 그 생생한 감동을 더욱 느낄 수 있게 되고 오래도록 기억하며 성지순례의 흥분 속에 살아갈 수 있게 되니 얼마나 반갑고 감사한지 모릅니다."

- 임한섭 목사/시인

"『아르메니아 조지아 성지순례 가이드북』은 단순한 여행 가이드가 아니라, 낯설지만 거룩한 땅을 걷는 이들에게 성경의 진리와 역사적 사실을 따라 걷는 살아 있는 순례 안내서입니다. 읽는 순간, 마음은 이미 그 땅을 걷고 있고, 믿음의 여정은 시작됩니다."

- 양동훈 목사(일본 오사카 카리스채플 카미지)

"전혀 몰랐던 순교와 복음의 현장에서 가슴 먹먹했던 감동이 지금도 생생합니다."

- 오창윤 교수

"아르메니아 조지아 성지순례는 저의 삶과 목회에 새로운 활력과 복음의 야성을 깨워 주었습니다."

- 이성욱 목사(부산동산교회)

"노아 홍수 이후 신인류가 시작된 땅에 발을 디뎠다.

아라랏산들을 바라보며, 그곳 어딘가에 노아의 방주가 머물렀다는 역사적 사실을 기억하며 가슴이 벅찼다. 뿐만 아니라 그곳은 에덴동산으로부터 발원한 네 개의 강들이 있었던 창조의 역사와 아브라함 이전의 이야기를 간직한 땅이라고 한다. 그런 역사를 간직한 채 후손들은 숱한 외세의 침략에도 굴하지 않고 생명으로 믿음을 지켜 냈고, 그 결과 아르메니아는 세계 최초의 기독교 국가, 조지아는 두 번째 기독교 국가가 되었다. 그들의 순교와 희생의 피에 가슴이 먹먹해졌던 순례길이었다.

이집트, 이스라엘, 요르단, 튀르키예, 그리스, 유럽 종교 개혁지를 다 돌아보고 이곳에 왔는데 이렇게 큰 감동을 받은 성지순례는 여기가 처음이었다. 무엇보다도 최은수 교수님의 『아르메니아 조지아 성지순례 핸드북』 책으로 먼저 공부하고 떠난 성지순례였기에 감동이 더 컸던 것 같다. 성지순례 1순위는 아르메니아 조지아에서부터 시작되기를 추천한다. 이번에 출간된 최은수 교수님의 책 『아르메니아 조지아 성지순례 가이드북』 역시 기대되는 책이다."

— 이애영 전도사(광주반석교회)

"노아 이후 신인류의 출발지이기에 유대인들이 찾는 옛 고향이며, 서방 교회사에서 접할 수 없었던 초기 기독교회가 전개되었던 역사가 살아 있는 곳 그리고 때 묻지 않은 아름다운 창조 세계가 그대로인 아르메니아와 조지아를 경험할 수 있는 최은수 교수의 역작이다."

— 이종전 교수

"아르메니아, 조지아 성지순례!
하나님의 인류 구원의 거대한 서사시가 시작되는 곳!
'His story'가 'History'로 교차되는 곳!
그분의 마음으로 선교를 돌아보게 합니다."

- 조태균 선교사(알바니아)

"최은수 박사님의 아르메니아 조지아와 관련된 연구는 대체 역사(alternative history)가 아닌, 역사를 새롭게 교정(proofreading)하는 일입니다. 그러기 위해 먼저 그 땅을 밟아 보아야 합니다. 이 책은 우리를 그곳으로 인도할 것입니다."

- 전병호 목사

"사도교회를 자랑하는 조지아와 아르메니아 교회들을 돌아보면서, 사도적 교회가 무엇인지 생각하게 하고, 말씀 위에 교회를 세우고 말씀으로 계속해서 그 교회를 지키지 않으면 사도성을 잃은 교회가 된다는 교훈을 얻었습니다."

- 최심경 목사(빛과소금교회 원로)